Laura Day

Willkommen in der Krise

Ihre Chance für ein neues Leben

Aus dem Amerikanischen von
Daniela Schenker

W0047290

Ullstein

Besuchen Sie uns im Internet:
www.ullstein-taschenbuch.de

Allegria im Ullstein Taschenbuch
Herausgegeben von Michael Görden

Aus dem Amerikanischen übersetzt von Daniela Schenker
Titel der Originalausgabe
WELCOME TO YOUR CRISIS
Erschienen bei Little, Brown and Company,
New York, NY, USA

Umwelthinweis:
Dieses Buch wurde auf chlor- und säurefreiem Papier gedruckt.

Ullstein Taschenbuch ist ein Verlag der Ullstein Buchverlage GmbH
Neuausgabe im Ullstein Taschenbuch
1. Auflage Februar 2009
© der deutschsprachigen Ausgabe 2007 by Ullstein Buchverlage GmbH, Berlin
© der Originalausgabe 2006 by Laura Day
Umschlaggestaltung: FranklDesign, München
Titelabbildung: Hildegard Morian/www.moriandesign.de
Gesetzt aus der Platin und Albertus
Satz: Pinkuin Satz und Datentechnik, Berlin
Druck und Bindearbeiten: GGP Media GmbH, Pößneck
Printed in Germany
ISBN 978-3-548-74438-4

ICH WIDME DIESES BUCH KEVIN HUVANE, MEINEM
LIEBEN FREUND UND PATEN MEINES SOHNES SAMSON.
DANKE FÜR DEINE VISION. DANKE FÜR DEINEN
GLAUBEN. UND DANKE, DASS DU SELBST UM DREI UHR
MORGENS IMMER EINE LÖSUNG PARAT HAST. RALPH
WALDO EMERSON SAGTE, DASS JEDE WAND EINE TÜR
DARSTELLT. DANKE, DASS DU DAS BEWIESEN HAST!

Inhalt

Vorwort

Willkommen in der Krise?

Die Vorstellung, dass eine Krise positive Aspekte bergen könnte, klingt wahrscheinlich gefühllos. Krisen sind sicherlich schmerzhafte, schwierige und bedrohliche Situationen. Ich würde niemandem eine Krise wünschen.

Leider sind Krisen unvermeidliche Bestandteile unseres Lebens. Daher sollten wir lernen, wie wir Krisensituationen gut bewältigen können. Und da nicht alle Krisen vermeidbar sind, warum sollten wir sie nicht akzeptieren und ihnen entschlossen gegenübertreten? Wie Sie in Kürze entdecken werden, zwingen uns Krisen dazu, längst fällige Veränderungen in unserem Leben vorzunehmen. Krisen können Katalysatoren für bemerkenswerte Veränderungen sein.

Wenn wir es zulassen.

Die Einsichten und Empfehlungen in diesem Buch beruhen auf den Beobachtungen und Erfahrungen, die ich im Laufe meiner Arbeit mit von Krisen betroffenen Menschen gesammelt habe. Einige Schlüsselelemente meiner Methode sind durch die Arbeit anderer bestätigt worden. Hans Selye fand auf dem Gebiet der Stressforschung beispielsweise heraus, dass positive Ereignisse genauso viel Stress erzeugen können wie zahlreiche negative. Mihaly Csikszentmihalyi, der die Optimalfunktion des Menschen untersuchte, fand heraus, dass wir uns am lebendigsten fühlen, wenn unsere Fähigkeiten voll gefordert werden. Der Soziologe Charles Fritz bestätigte meine Erkenntnisse auf dem Gebiet des menschlichen Verhaltens bei Katastrophen.

Die Untersuchungen von Katastrophen bieten hochinteressante Einsichten, wie Sie und ich unsere persönlichen Krisen handhaben können. Eine Katastrophe ist noch weitaus schlimmer als eine Krise. Trotzdem betont Fritz, dass Katastrophen positive Wahrheiten über das menschliche Verhalten an das Licht bringen. Genauso wie persönliche Krisen zeigen uns Katastrophen nämlich viele unserer besten Eigenschaften als Menschen und soziale Wesen.

In den letzten Jahren kam es immer wieder zu verheerenden Katastrophen; die Zerstörung von New Orleans durch den Hurrikan Katrina ist nur eines von vielen Beispielen. In meiner unmittelbaren Nachbarschaft habe ich einige Katastrophen hautnah miterlebt – in New York lebe ich beispielsweise nur ein paar Häuserblocks von dem Platz entfernt, an dem das ehemalige World Trade Center stand.

Damit spreche ich aus einer Erfahrung aus erster Hand, wenn ich betone – und ich bin sicher, dass diejenigen unter Ihnen, die einmal eine Katastrophe hautnah miterlebt haben, meine Beobachtung bestätigen werden –, dass Katastrophen oft das Beste im Menschen hervorbringen, ohne im weitesten Sinne zu Chaos oder noch Schlimmerem zu führen. Wir kennen alle die Nachrichten von Plünderungen und anderen kriminellen Gelegenheitstaten, die mit einer Katastrophe einhergehen. Natürlich sind solche Vorkommnisse ein gefundenes Fressen für den die Sensationslust bedienenden Journalismus, allerdings bilden sie bei weitem die Ausnahme. Bei Katastrophen handeln die meisten Menschen voller Mitgefühl und arbeiten selbstlos und unermüdlich zusammen, um anderen zu helfen, die von der Katastrophe betroffen sind.

Der Schlüsselaspekt, der die psychologischen Auswirkungen einer Katastrophe verringert, weil er den Alltagsmenschen inspiriert und auf eine höhere Stufe des Bewusstseins hebt, besteht darin, dass die Erfahrung *geteilt* wird. Die Wirkung des Hurrikans Katrina war so heftig, weil die Überschwemmung die Menschen daran hinderte, *als Gemeinschaft* zu handeln. Sie waren nicht in der Lage, die durch die Katastrophe entstandene emotionale, psychologische und körperliche Bürde und darüber hinaus entstandene Belastungen zu teilen.

Krisen und Katastrophen sind in der Tat furchtbar.

Unser tägliches Leben wirkt im Gegensatz dazu langweilig, geradezu idyllisch. Wenn wir uns selbst gegenüber ehrlich sind, enthüllt ein näherer Blick auf unser Leben eine andere Wirklichkeit. Unsere Alltagsroutine ist von Konflikten, Stressfaktoren und Frustration erfüllt. Selbst wenn wir von kleinen Sorgen und Verpflichtungen verfolgt werden, verlangt das Leben von uns selten den vollen Einsatz. Oft führen wir etwas nur mechanisch aus. Und abgesehen von unseren Familien und engen Freunden sowie in geringerem Maße unseren Nachbarn leben wir in einer Gesellschaft, die in einzelne Bestandteile zerfallen ist, und haben mit den Menschen um uns herum wenig zu tun. So grenzen wir unsere alltäglichen Krisen von der geteilten Erfahrung einer öffentlichen Katastrophe scharf ab – wir halten sie vor den anderen gut verborgen, manchmal sogar vor unseren engsten Freunden und geliebten Menschen.

Was also können wir aus dem effektiven gemeinschaftlichen Handeln von Menschen während einer Katastrophe lernen, das wir auf unseren Umgang mit Krisen in unserem eigenen Leben anwenden können? Untersuchen wir doch einmal die Eigenschaften einer Katastrophe, um zu erkennen, welche Gemeinsamkeiten mit und welche Unterschiede zu unseren persönlichen Krisen wir entdecken.

Eine Katastrophe lässt alles im Leben der Betroffenen winzig erscheinen. Eine Katastrophe vereinfacht und rationalisiert unser Leben. Bei einer Katastrophe sind die dringlichsten Bedürfnisse konkret und drängen alle anderen Bedürfnisse in den Hintergrund. Diese werden zu winzigen Ablenkungen von der eigentlichen Arbeit, die gemacht werden muss. Jeder konzentriert sich auf die Notlage, um denen zu helfen, denen es schlechter geht als ihm selbst, und die gesamte Gemeinschaft wird schlagartig aktiv, um Hilfe zu leisten.

Die Menschen, die von der Katastrophe betroffen sind, bilden eine Gemeinschaft, um ihre dringendsten Bedürfnisse zu erfüllen. Jeder legt sich ins Zeug, um zu helfen, und ist in einer gewissen Mission unterwegs, er hat eine höhere Aufgabe, die jenseits des eigenen Selbst liegt. Die daraus entstehende enge Vernetzung und die große Solidarität der Katastrophengemeinschaft sind erstaunlich.

Da die Katastrophe durch äußere Umstände verursacht wurde, weisen die Menschen sich oder anderen für ihr Unglück keine Schuld zu; sie fühlen sich auch nicht schuldig oder schämen sich. Jeder öffnet sich ungehindert und kommuniziert mit den anderen in der Katastrophengemeinschaft, wobei man sich gegenseitig physisch und emotional unterstützt. Das Trauern und Klagen angesichts der Verluste, des Leidens und der Entbehrungen ist intensiv, wird aber von vielen geteilt.

Zwei Schlüsselmerkmale bei der Katastrophenhilfe sind das solidarische Teilen von Hab und Gut und die schnelle Rückkehr zum Alltagsgeschäft. Das effektive Funktionieren angesichts öffentlicher Katastrophen steht im Gegensatz zu den uneffektiven Handlungen, mit denen wir unsere privaten Krisen angehen. Die meisten von uns neigen dazu, ihre Krisen für sich zu behalten, meist weil sie sich schämen. Sie lassen zu, dass die Krise sie so überwältigt, dass sie ihren alltäglichen Verpflichtungen nicht mehr nachgehen können.

Ich stamme aus einer Ärztefamilie und bin als Erwachsene schon immer eine intuitive Heilerin gewesen. Auf medizinischem Gebiet hat das Wort »Krise« eine bestimmte Bedeutung: Es bezeichnet den Wendepunkt im Laufe einer Erkrankung, an dem sich diese entweder dramatisch verschlechtert oder sich alles auf dramatische Weise zum Guten wendet. Unsere alltäglichen Krisen bieten uns ähnliche Wendepunkte, an denen sich unser Leben auf dramatische Weise zum Besseren oder Schlechteren wenden kann, je nachdem, wie wir handeln. Ich habe dieses Buch geschrieben, um Sie darin zu unterstützen, Ihren sicheren Weg aus der Krise herauszufinden und dabei positive und bereichernde Erfahrungen zu machen.

Einleitung

Menschen, die zu diesem Buch greifen, wollen ihr Leben verändern. Selbst die Leser, die meinen, dass in ihrem Leben alles wunderbar läuft, greifen zu diesem Buch, um ihr Leben zu bereichern.

Was sind das für Menschen, die einen intuitiven Heiler aufsuchen? Das ist schließlich kein Besuch beim Hausarzt! *Menschen suchen meinen Rat, weil ihr Leben in einer Krise steckt.*

Ich führe die Menschen aber nicht durch ihre Krisen hindurch – ich rege sie lediglich zum Handeln an. Seit meiner Kindheit wurde ich in die Rolle hineingedrängt, meiner Mutter im Laufe ihrer Krise beiseitezustehen.

Ich wurde zu einem Leuchtturm für Menschen in der Krise. Ich nutze meine intuitiven Fähigkeiten, um diese Menschen darin zu unterstützen, sich ein neues Leben zu erschaffen – und ein neues Selbst. Ich kann Ihnen auch dabei helfen, Ihre intuitiven Fähigkeiten zu entwickeln und dadurch einen Zugang zur Weisheit anderer Menschen zu finden.

Mein erstes Buch mit dem Titel *Mit praktischer Intuition zum Erfolg* beschreibt einen Prozess, den jeder nutzen kann, um wichtige Informationen über die intuitive Wahrnehmung zu erlangen. Mein vorheriges Buch *So werden Wünsche wahr: Wie die Kraft eines einzigen Wunsches Ihr Leben verändern kann* enthüllt die Meisterformel für das bewusste Erschaffen: Es beschreibt, wie wir durch den konzentrierten Einsatz von Intuition, Intellekt und Verhalten jedes beliebige Ziel erreichen können.

Dieses Buch – und Sie müssen kein anderes meiner Bücher gelesen haben, um das hier vorliegende nutzen zu können – ist Ihnen ein zuverlässiger Ratgeber, der Sie durch jegliche Verluste oder Veränderungen im Leben führt, die Sie möglicherweise erleben. Sie lernen einen Weg des Selbstwachstums kennen, einen Weg, um Ihr Leben nicht nur aktiv, sondern auch effektiv zu gestalten.

In *Willkommen in der Krise* geht es darum, Veränderungen in Ihrem Leben zu bewältigen – sowohl solche Veränderungen, die Sie selbst vornehmen möchten, als auch solche, die plötzlich auf Sie zukommen. Dieses Buch kann Sie auf der Reise Ihres Lebens begleiten. Ich zeige Ihnen, wie Sie die Herausforderungen in jeder Phase erkennen und erfolgreich durch die verschiedenen Lebensphasen hindurchsteuern können, die auf Sie zukommen.

Dieses Buch ist praxisorientiert und soll Sie darin unterstützen, in Ihrem Leben positive Veränderungen vorzunehmen. Damit Sie von diesem Buch optimal profitieren, sollten Sie die Übungen unbedingt gewissenhaft ausführen. Ich empfehle Ihnen, ein Tagebuch zu führen, in dem Sie Aufzeichnungen machen, sodass Sie jeden Arbeitsschritt an einer Stelle nachlesen können. Viele Übungen bauen auf vorangegangenen Übungen auf, deshalb sollten Sie alle Ihre »Arbeiten an sich selbst« dokumentieren.

Die Übungen in diesem Buch, selbst die kürzesten, geben Ihnen die Möglichkeit, Ihr Denken, Ihr Fühlen und Ihre Entscheidungen neu zu strukturieren oder neu zu programmieren. Führen Sie die Aufgaben regelmäßig und entspannt durch – sie sollten zu einem selbstverständlichen Teil Ihrer Alltagsroutine werden. Diese Übungen werden letztendlich in Ihr Unterbewusstsein einprogrammiert. Damit sind Sie in der Lage, sich auf die Übungen zu verlassen, wenn Sie in alte, manchmal selbstzerstörerische Muster zurückfallen. So bieten Sie sich auf Ihrem Weg neue Wahlmöglichkeiten für die Gestaltung Ihres Lebens.

Ich bitte Sie nicht darum, alles in diesem Buch gedankenlos hinzunehmen. Wenn Sie sich gerade in einer Krise befinden, sind Sie möglicherweise außerordentlich skeptisch.

Das ist in Ordnung. Ich möchte Sie nur bitten, offen an die Konzepte heranzugehen und die Aufgaben entsprechend durchzuführen. Sie müssen noch nicht einmal irgendetwas von dem glauben, was ich hier sage.

Der dänische Physiker Niels Bohr, einer der führenden Wissenschaftler des zwanzigsten Jahrhunderts, begrüßte in seinem rustikalen Landhaus einen Journalisten. Über seiner Haustür war ein Hufeisen angenagelt, ein volkstümlicher Glücksbringer.

Der Journalist, der über dieses Zeichen des Aberglaubens am Haus des großen Wissenschaftlers erstaunt war, bemerkte: »Dr. Bohr, ich bin überrascht, dass Sie an die magische Kraft von Hufeisen glauben.« »Oh nein«, antwortete Bohr, »ich glaube nicht an Hufeisen. Aber ich habe gehört, dass sie funktionieren, ob man an sie glaubt oder nicht.«

Das ist das Wesen der Gesetze des Universums: Sie brauchen Ihren Glauben nicht, um zu funktionieren.

Die Schwerkraft zieht jeden nach unten, egal, ob er sich dessen bewusst ist oder nicht, oder ob er daran glaubt. Auch harmoniert der in diesem Buch beschriebene Weg mit den Gesetzen des Universums und funktioniert für Sie genauso, wie er in den letzten zwanzig Jahren bereits für zahllose andere Menschen in der Krise funktioniert hat – wie auch für mich selbst.

Als ich dreiunddreißig Jahre alt war, brachte ich meinen Sohn zur Welt – und meine Ehe fand ihr Ende. Ich erinnere mich noch an den Augenblick, in dem mir klar wurde, dass meine Scheidung keine einfache Sache werden würde. Von meinem Mann kam kein Geld mehr, und ich hatte keinen Platz zum Wohnen.

Die Familie meines Mannes, die ich seit meinem sechzehnten Lebensjahr als Familie betrachtet hatte, hörte nicht nur auf, mit mir zu sprechen – sie wurde auch noch zum aktiven Widersacher auf meinem Überlebensweg. Mein Anwalt, mein Buchhalter und meine Investmentberater liefen alle zu jenem Lager über, denn dort war das Geld. Alles, was ich hatte, waren mein Baby und die wenigen übrig gebliebenen Freunde.

Als ich verheiratet war, war für all meine finanziellen Bedürfnisse gesorgt, und ich brauchte nicht zu arbeiten. Nach meiner Trennung besaß ich nichts, eigentlich weniger als nichts, da ich einen teuren Rechtsstreit vor mir hatte. Zuvor musste ich weder für meinen Lebensunterhalt sorgen noch mit der Welt auf praktische Art und Weise zurechtkommen. Plötzlich musste ich mich selbst und ein Baby versorgen. Ich hatte nie zuvor mehr als fünfzehntausend Dollar im Jahr verdient – diese Einnahmen waren Nebeneinkünfte meiner freiwilligen Arbeit als intuitive Heilerin gewesen.

Im ersten Lebensjahr meines Sohnes schliefen wir im Wohnzimmer einer Freundin auf einer Futonmatratze auf dem Boden. Ich hatte meinen Ehemann kennen gelernt, als ich sechzehn war und keinerlei Vorstellung davon hatte, was ich ohne ihn an meiner Seite wert war. Mein zauberhaftes, wunderbares Baby war meine rettende Gnade. Die Freude, die ich mit meinem Sohn hatte, verringerte den Schrecken und die Verwirrung meiner neuen Lebensumstände.

Als klar war, dass mein Mann und ich uns scheiden lassen würden, begann er um das Sorgerecht für unseren Sohn zu kämpfen, den ich seit seiner Geburt eigenständig großgezogen hatte. Zu diesem Zeitpunkt waren meine Ersparnisse fast aufgebraucht und mein Anwalt ließ mich wissen, dass ein Streit vor Gericht wahrscheinlich mehr als eine Million Dollar kosten würde. Mein Mann verfügte über seinen enormen Stiftungsfonds, und Geld war kein Problem für ihn. Eine Million Dollar, um meinen Sohn zu behalten – das war so, als koste es eine Million Dollar, um mein Herz weiter schlagen zu lassen!

Fast alles, an das ich im Leben glaubte und das mir lieb und teuer war – die Menschen um mich herum, meine Familie, meine Liebe, mein Selbstwertgefühl –, war zerstört. Freunde, die mich noch als Freigeist kannten, als reiche Frau und erfolgreiche intuitive Heilerin, betrachteten mich jetzt voller Mitgefühl, wenn nicht voller Mitleid. Viele der geschätzten Qualitäten, die mich ausmachten – meine herausragende Intuition, meine Fähigkeit, andere zu heilen, meine vertrauensvolle Naivität –, wurden vor Gericht gegen mich verwendet, um mich als unfähige Mutter darzustellen. Ich dachte bei mir: »Wenn ich so intuitiv bin, wie habe ich es dann geschafft, in diesen Schlamassel zu geraten?« (Antworten auf diese Frage gibt das Kapitel über innere Hindernisse in meinem Buch *So werden Wünsche wahr.*)

Ich war mir meiner selbst und allem um mich herum so unsicher, dass ich, als mich die Gegenseite beschuldigte, verrückt zu sein, zu einem Psychologen ging und mich testen ließ – für den Fall, dass ihre Beschuldigung wahr sei. Ich rechnete damit zu erfahren, dass ich verrückt war. Ich wusste nicht mehr, wer ich war – oder diejenige, die ich war, existierte nicht mehr.

Meine alte Welt und meine vertrauten Ressourcen existierten nicht mehr. Mein eigenes Selbst – dem der Boden entzogen worden war – schien mir fremd zu sein. Ich fiel jedem Ratschlag zum Opfer, jedem skrupellosen Experten; ich tappte in jede Falle, die mir gestellt wurde. Ich hatte Angst zu handeln und gleichzeitig Angst, gelähmt zuzuschauen. Ich hatte ein Kind zu verteidigen und daher war Aufgeben keine Option – aber ich war nicht dafür gerüstet, zu kämpfen. Ich nahm so stark ab, dass die Menschen, denen meine Umstände nicht bekannt waren, glaubten, ich würde sterben. Ich hatte mich auf das Scheidungsspiel eingelassen und war scheinbar die einzige Spielerin, die sich mit den Regeln nicht auskannte.

Jeden Morgen wachte ich auf, setzte mich an das große Wohnzimmerfenster und versuchte verzweifelt, eine

Lösung zu finden. Eines Morgens tat ich die zwei Dinge, zu denen ich noch fähig war: ich sagte zukünftige Ereignisse voraus (außer natürlich für mich selbst) und schrieb (was ich liebend gern tat). Ich saß am Computer und schrieb die Ideen und Erinnerungen auf, die mir einfielen. Als mein Sohn aufwachte, hatte ich acht Seiten über die intuitiven Experimente geschrieben, die ich mit einer Gruppe Wissenschaftler durchgeführt hatte.

Als mein Sohn sein Morgennickerchen machte, rief ich einen Fondsmanager an, den ich kannte. Ich fragte ihn mutig, wie es gerade um den Markt stehe und bat ihn um Arbeit. Schließlich gab er mir einen Auftrag: Ich sollte Vorhersagen zu den Finanzmärkten machen. Das konnte ich täglich eine halbe Stunde lang am Telefon tun, bekam dafür ein Gehalt und war krankenversichert.

Einige Tage später nahm ich die Seiten mit meinen Aufzeichnungen mit zu einer Spielgruppe. Ich wollte sie überarbeiten, während Samson mit seinem Freund im Sand spielte. Eine Mutter fragte mich, woran ich arbeitete. Ich zeigte ihr die Seiten. Sie sagte: »Du hast ja ein Buch geschrieben.«

Ich nahm das Kompliment dankbar an und dachte nicht mehr daran, bis sie mir ihre Karte überreichte. Sie war eine der bekanntesten Literaturagentinnen von New York. Als der Ball erst einmal zu rollen begann, wurde er rasch immer schneller. In diesem Jahr verdiente ich genug, um meine Kosten zu decken und meinen Sohn in einem Privatkindergarten anzumelden. Innerhalb einiger Jahre hatte ich fast vier Millionen Dollar verdient – eine große Summe. Das meiste davon gab ich für die nicht enden wollenden Gerichtsverfahren aus. Ich kämpfte und gewann das Sorgerecht für meinen Sohn, fand meine

Stimme in der Welt, verliebte mich in einen Autorenkollegen, schrieb neue Bücher, kaufte meine Wohnung von meinem Mann zurück und bin nun Teil einer Gemeinschaft, die ich liebe und bewundere.

Mein altes »Ich« existierte nicht mehr, genauso wenig wie die Welt, in der es gelebt hatte. Vielleicht haben Sie sich einmal in einer ähnlichen Notlage befunden, möglicherweise auch mehr als einmal. Mir wurde die Gabe geschenkt, der Welt etwas geben zu können. Und all das fand ich in meinem dunkelsten Moment, in dem ich dachte, ich würde meinen kostbaren Sohn verlieren.

Meine Transformation entstand nicht durch Magie. Ich lernte die in diesem Buch beschriebenen Lektionen unter Mühen. Für Sie wird es einfacher sein. Ich werde Ihnen den Weg zeigen.

Sie haben die Kraft, positive und anhaltende Veränderungen in Ihrem Leben zu bewirken. Sie entscheiden genau jetzt, in diesem Augenblick, wie Ihre Zukunft sein wird. Dass Sie allein über Ihr eigenes Schicksal entscheiden, mag wie eine beängstigende Verantwortung erscheinen – doch wenn die Dinge in diesem Augenblick schieflaufen, können Sie im *nächsten* Moment erneut entscheiden, wer Sie sein wollen. Es liegt alles an Ihnen.

Wenn Sie in einer Krise stecken, haben Sie vielleicht Probleme damit, Ihre eigene Kraft zu erkennen, mit deren Hilfe Sie Ihre Situation verändern können. Daher ... Selbst wenn Sie das Gefühl haben, dass Ihr Leben vorbei ist, lassen Sie sich von mir zumindest Schritt für Schritt in eine bessere Zukunft führen – eine Zukunft, in der Sie glücklich sein werden. Mein Ziel besteht darin, Ihnen die Dynamik der Krise bewusst zu machen und Sie auf Ihrem

Weg zu unterstützen. Verluste können wir in unserem Leben zwar nicht verhindern, aber ein bewusstes Leben ermöglicht es uns, jegliche Krisen auf eine positive, transformierende Art zu nutzen.

Eine Krise bedeutet eine Herausforderung und gibt uns die Gelegenheit, das zu enthüllen, was wir wertschätzen, wiederzuentdecken, was wir brauchen, und neu zu definieren, was uns Freude macht. Es geht darum, ein bedeutungsvolles Leben neu zu erschaffen und die innere Arbeitsweise des eigenen Selbst neu zu strukturieren. Eine Krise zwingt uns, tief in uns selbst einzutauchen – dorthin, wo wir wohlgehütete, machtvolle und *vergessene* Teile unseres Selbst entdecken, die wir vor langer Zeit versteckt haben – sogar *vor uns selbst.* Das Leben, das wir für uns erschaffen können, wenn wir diese Schatzkiste des Seins einmal geöffnet haben, übertrifft nicht nur unsere Erwartungen, sondern auch unsere Vorstellungskraft.

Sie mögen es nicht glauben, aber Ihre aktuelle Krise könnte das Beste sein, was Ihnen jemals widerfahren ist. Sie können sogar *sichergehen*, dass Ihre Krise das Beste ist, was Ihnen jemals passiert ist, auch wenn es im Augenblick so aussieht, als ob alles verloren ist. Vielleicht haben Sie das Gefühl, Fehler gemacht zu haben, für die Sie sich jetzt hassen. Vielleicht glauben Sie auch, dass Sie alles Gute in Ihrem Leben ruiniert haben oder dass alles, was Sie geliebt oder gebraucht haben, jetzt verschwunden ist.

Ich war an diesem Punkt. Die meisten anderen Menschen auch. Genau jetzt haben Sie die perfekte Gelegenheit zu entdecken, was Sie brauchen, um ein Leben zu erschaffen, das jenseits von dem liegt, was Sie sich vorstellen können. Eine Schatzkiste voller Talente, Wünsche und Charakterzüge – die Sie einst vor der Welt weggeschlossen hatten, sogar vor sich selbst –; diese Schatzkiste existiert, damit Sie sie jetzt, als erwachsener Mensch, endlich öffnen können. Durch den Krisenprozess werden Sie nicht nur sich selbst finden, sondern auch den Schlüssel zu dem wunderbarsten Leben, das Sie haben können. Eine Krise zwingt Sie dazu, Hindernisse aus dem Weg zu räumen und neue Möglichkeiten zu finden – Möglichkeiten, die sich seltsam anfühlen, aber älter und authentischer sind als alles, was Sie heute leben oder durchlebt haben.

Wir werden auf dieses Thema später ausführlicher eingehen. Stellen Sie nun zunächst einmal fest, welche Ihrer Gedanken, Gefühle, Träume, Antworten oder Arten des Seins Sie überraschend finden. Machen Sie einfach nur eine Feststellung, ohne zu bewerten. Wenn Sie dabei zum ersten Mal in Ihrem Leben wütend werden, ist das vielleicht der erste Schritt auf dem Weg zu echter Leidenschaft und Kreativität. Wenn es für Sie ungewöhnlich ist, sich deprimiert zu fühlen, könnte genau das der Weg sein, um Ihre wahren Bedürfnisse und Gefühle kennen zu lernen und sich ein erfülltes Leben zu schaffen.

- Haben Sie sich in letzter Zeit irgendwie anders gefühlt?
- Haben Sie sich in letzter Zeit anders verhalten oder anders reagiert als gewöhnlich?
- Haben Sie etwas Neues bemerkt, entweder bei sich oder bei anderen?
- Wenn Menschen um Sie herum auftauchen, worauf richtet sich Ihre Aufmerksamkeit? Wen beneiden Sie?

Stellen Sie sich im Laufe des Tages diese Fragen. Ihre jetzige Aufgabe besteht darin, dass *Sie* für sich selbst interessanter werden als Ihre Krise! Machen Sie sich mit sich selbst vertraut – mit Ihrem neuen Selbst –, so als würden Sie einen neuen Freund oder eine neue Freundin kennen lernen. Seien Sie neugierig. Erwarten Sie nichts. Sie sind dabei, ein herrliches und großartiges Kapitel in Ihrem Leben aufzuschlagen – nicht *trotz* Ihrer aktuellen Krise, sondern *wegen* Ihrer Krise!

KAPITEL I

Wer sind Sie?

Eine wiederkehrende Frage, über die Sie nachsinnen sollten

Wer sind Sie? Diese einfache Frage reicht viel tiefer, als man auf den ersten Blick annehmen würde. Viele Menschen beschreiben sich im Rahmen ihrer Karriere (Anwalt, Schreiner, Labortechniker, Rennfahrer) oder im Rahmen ihrer Beziehungen (Ehefrau, Mutter, beste Freundin).

Sie sind dabei zu entdecken, dass die Art und Weise, in der Sie sich definieren, im Großen und Ganzen nicht nur bestimmt, wie die Welt Sie wahrnimmt, sondern auch, wie kraftvoll Sie in dieser Welt sind.

Damit beginnt die erste Übung.

Übung: Wer sind Sie?

Ohne bei Ihnen bestimmte Erwartungen wecken zu wollen, möchte ich Sie bitten, jede der folgenden Fragen mit einem Satz zu beantworten: *Wer sind Sie? Wer waren Sie vor Ihrer letzten Krise? Wer haben Sie Angst zu sein? Wer würden Sie gerne sein?*

Lesen Sie Ihre Antworten in den kommenden Tagen,

Wochen und auch Jahren immer wieder durch und nutzen Sie so das Tagebuch, das Sie den Übungen in diesem Buch widmen.

Diskussion

Wie ich bereits erwähnt habe, gibt es zahllose Wege, sich selbst zu beschreiben. Hier zwei Beispiele:

Ich bin jemand, der sich gerade von einer Knieoperation erholt. Ich war professionelle Tänzerin. Schätzungsweise bin ich jetzt jemand, der nie wieder tanzen wird. Ich wünschte, ich wäre gesund und in der Lage zu tanzen.

Ich bin Unternehmer. Ich habe mit einem Partyservice begonnen, als ich meine Stelle als Verkäufer verlor. Ich genieße das, was ich tue, auch wenn meine Arbeitszeit manchmal brutal ist. Ich habe nicht so viel Freizeit wie früher; das ist wohl der Ausgleich für meine Selbstständigkeit.

Nehmen Sie wahr, wie Sie sich beschreiben und definieren. Sie sind jedoch nicht Ihre Selbstbeschreibung. Sie sind nicht mehr der Mensch, der Sie einmal waren. Sie sind nicht Ihre Ängste und nicht Ihre Wünsche. Sie sind ein Netzwerk aus voneinander abhängigen Fakten und Gefühlen. Wenn Sie diesen Fakten und Gefühlen realistisch und systematisch begegnen, werden Sie zu jemandem, den Sie bewundern, und Sie werden Ihr Leben zu schätzen wissen. Die Beschreibungen Ihres Selbst werden sich in den kommenden Tagen verändern, während Sie die weiteren Kapitel durcharbeiten.

Ihre Selbstdefinition bestimmt Ihre Verletzlichkeit

Unsere Art der Selbstdefinition bestimmt, wie verletzlich oder wie stark wir sind, wenn wir dem wechselnden Lebensschicksal begegnen.

Die heftigen Veränderungen in unserem Leben sind oft schmerzhaft, weil wir uns ausschließlich mit unserer Beschreibung identifizieren. Wir nehmen uns selbst wahr, wie uns die Strukturen um uns herum definieren: durch unsere Arbeit, unsere Beziehungen, unsere Familien, unsere Erfolge. Wenn wir Glück haben, entwickeln wir beim Älterwerden eine bessere Wahrnehmung der Art und Weise, in der wir mit anderen und der Welt um uns herum verbunden sind, und wir beginnen damit, unser Ego dort einzubringen, wo es um weit mehr als das eigene Ego geht.

Dieses Konzept ist wichtig, denn die Krisen in unserem Leben greifen den Kern unserer Selbstwahrnehmung an. Es ist verständlich, dass eine Person, die sich beispielsweise mit ihrer Rolle als Ehefrau identifiziert hat, das Gefühl hat, dass ihr Leben mit dem Ende ihrer Ehe vorbei ist. Oder stellen Sie sich vor, eine erfolgreiche junge Unternehmerin verliert ihre Arbeit. Wer ist sie jetzt?

Wenn Sie Ihre Selbstwahrnehmung transformieren, können Sie sich über die Herausforderungen des Lebens erheben – wenn Sie dies tun, sind Sie tatsächlich in der Lage, genau diese Herausforderungen zu nutzen, um Ihren Selbstwert und Ihr Potenzial im Leben zu steigern, um kreativ und erfolgreich zu sein.

Solange Sie an einer eng gefassten Selbstdefinition kleben, kann Sie jede Krise verletzen. Ihr Selbstbild ist besonders schwer greifbar, wenn eine wirklich große Veränderung stattfindet: Sie sind nicht länger die Person, die Sie waren, aber Sie sind auch noch nicht diejenige, die Sie sein werden.

Es ist nicht nur für den einzelnen Menschen wichtig zu wissen, wer er ist, sondern auch für Gruppen, Organisationen und Firmen. Eine Firma beginnt ihr Leben damit, ein Produkt oder eine Dienstleistung anzubieten, aber wenn sich die Welt verändert, ist es ausschlaggebend, woran die Firma glaubt – die Selbstwahrnehmung und die Identität der Firma müssen sich ebenfalls verändern. Ironischerweise wurde Steven Jobs, einer der Mitbegründer der Firma Apple, einst entlassen – nur um dann eines Tages zurückzukehren und die Firma Apple wieder zu einer der führenden Computerfirmen zu machen.

Sie sind ein Ökosystem

Sicherlich ist es hilfreich, sich vorzustellen, dass Sie kein isoliertes Wesen, sondern ein riesiges Ökosystem sind.

Betrachten Sie einmal ein natürliches Ökosystem und dessen Einzelteile, die in einem riesigen Netz miteinander verknüpft sind. Diese Milliarden von Teilen stehen eng miteinander in Beziehung; sie sind in einem komplexen und doch sehr empfindlichen System miteinander verwoben.

Dieses System befindet sich in einem dynamischen Gleichgewicht, wobei kleinere Fluktuationen vom System ausgeglichen werden. Manchmal geschieht etwas außerhalb des Ökosystems, was es dramatisch verändern kann.

Eine neue Raubtierart macht sich breit, oder eine lang anhaltende Dürre trocknet die Wasservorräte des Ökosystems aus.

Solche Störungen werden nicht bereitwillig aufgenommen, sondern erzeugen im gesamten Ökosystem ein Echo. Eine Spezies stirbt aus und bedroht das Überleben einer anderen Spezies, die von der ersten abhängig war. Eine dritte Spezies, die zuvor der ersteren als Beute diente, vermehrt sich wie wild. Und so weiter.

Schließlich wird sich auf natürliche Weise ein Gleichgewicht einstellen – das Ökosystem wird jedoch nie wieder dasselbe sein.

Eine winzige Veränderung in der Wahrnehmung oder im Verhalten kann gewaltige Veränderungen in der inneren Dynamik hervorrufen, die Sie als Leben bezeichnen.

Wir haben es alle schon einmal erlebt, dass sich in einem abgedunkelten Theater eine Notausgangstür unerwartet öffnete, die Dunkelheit von Licht durchflutet wurde und wir unsere Umgebung und unseren Platz innerhalb dieser Umgebung vollkommen neu wahrgenommen haben. Oft leben wir einfach vor uns hin und vermeiden diese Lichtstrahlen – wir haben Angst, weil wir nicht wissen, was sie beleuchten werden.

Äußere Veränderungen brauchen innere Veränderungen

Eine Veränderung ist auch schwierig, weil wir sie oft mit Unglück in Verbindung bringen, mit persönlichen Unzulänglichkeiten oder aber mit äußeren Kräften, die jenseits unseres Verständnisses oder unserer Kontrolle liegen. Anders gesagt: Wir weigern uns häufig, für die großen Veränderungen und Umbrüche in unserem Leben Verantwortung zu übernehmen.

Manche Veränderungen liegen jenseits unserer Kontrolle, wie beispielsweise ein Gewaltakt oder eine zufällig einwirkende Naturgewalt. Unsere *Reaktion* auf Veränderungen *liegt* jedoch im Bereich unserer Kontrolle. Unsere Reaktion auf Veränderung ist eine mächtige Kraft, die bestimmt, wie sich diese Veränderung auf unser Leben auswirkt.

Warum funktionieren gute Vorsätze nicht? Am Neujahrsabend bereiten sich die Menschen auf der ganzen Welt darauf vor, ihr Leben neu zu beginnen. Ein neues Jahr, ein neues Leben. Sie legen sich ihre Vorsätze mit großem Optimismus zurecht und begrüßen ein weiteres neues Jahr mit einer Liste von Herausforderungen, an denen sie in der Vergangenheit wiederholt gescheitert sind.

Am nächsten Morgen wachen sie auf, entschlossen, eine lebenslange Gewohnheit innerhalb eines Tages aufzugeben. Sie werden fünf Kilo abnehmen. Erfolgreich werden. Die wahre Liebe finden. Ihre Ehe verbessern. Nichts mehr aufschieben. Ihre Launen unter Kontrolle bringen. Mehr Zeit mit den Kindern verbringen. Vorsätze wirken beruhigend: Mit der Welt ist alles in Ordnung.

Wie wir insgeheim wissen, besteht das einzige Problem darin, dass diese Herangehensweise, unser Verhalten zu ändern, nicht funktioniert. Sich unmögliche Aufgaben vorzunehmen, führt zu Katastrophen und Selbsthass. Im Laufe unseres Lebens prägen wir unsere Gewohnheiten und Verhaltensweisen. Wir halten sogar leidenschaftlich an Gewohnheiten fest, die uns am wenigsten erfüllen, nur weil sie uns vertraut sind. Warum gehen wir trotz all unserer gegenteiligen Erfahrungen davon aus, dass eine wirkliche Veränderung allein durch unsere guten Vorsätze bewirkt werden kann?

Viele Menschen finden es schwierig, etwas dauerhaft zu verändern, weil sie sich auf die »falsche Seite der Gleichung« konzentrieren. Etwas so Praktisches wie eine Gewichtsabnahme ist beispielsweise keine physische Veränderung, sondern eher eine Veränderung des Selbst im Außen, die Ihr Selbst im Inneren vollzogen hat. Die meisten Diätpläne versagen, da der Mensch die Veränderung – die Gewichtsabnahme – als Prozess betrachtet und nicht als das *Ergebnis* eines Prozesses.

Eine dauerhafte Gewichtsabnahme ist möglich, wenn wir jemand *werden*, der nicht zu viel in sich hineinstopfen muss; wenn wir jemand werden, der eher aktiv ist und nicht so viel sitzt; oder wenn wir jemand werden, der seine Bedürfnisse auf eine andere Art und Weise erfüllt als über das Essen.

Der Gewichtsverlust ist also das Ergebnis der Veränderung des eigenen Selbst. Nehmen Sie sich einen Augenblick Zeit, um die Bedeutung dieser Wahrheit wirklich zu erfassen. Äußere Veränderungen reflektieren innere Veränderungen. Um in der Welt das zu erreichen, was Sie wollen – ob es nun ums Abnehmen oder einen beruflichen Aufstieg geht –; konzentrieren Sie sich auf die inneren Veränderungen, die Sie vornehmen müssen. Die äußeren Veränderungen werden auf natürliche und selbstverständliche Art und Weise folgen.

Ihre Erfahrungen bestimmen Ihre Reaktion auf zukünftige Erfahrungen, bis Sie schließlich in der Welt solche Erfahrungen wählen, die ein bestimmtes Glaubenssystem bestätigen. Sie selbst definieren sich über all das, woran Sie fest glauben.

Manchmal schätzen Sie die Welt falsch ein und Ihre innersten Überzeugungen werden angegriffen, wenn nicht sogar zerschlagen. Ein Mensch, von dem Sie glaubten, dass er für immer bei Ihnen sein würde, zieht in eine andere Stadt; Ihre Firma streicht Ihre Stelle; Sie haben einen Autounfall. Manchmal erleben Sie eine große, *unerwartete* Veränderung.

Achten Sie einmal auf Folgendes: Wenn die Wirklichkeit Ihre Überzeugung herausfordert und Sie mit der Gelegenheit konfrontiert, diese Überzeugung aufzugeben, fühlen Sie sich betrogen. Jeglicher Verlust erzeugt das Gefühl, betrogen zu werden. Wenn ein Verlust oder ein anderer Umbruch Ihre innerste Überzeugung erschüttert, existieren Sie nicht mehr auf dieselbe Art und Weise – aber Sie haben die Chance, neu anzufangen.

Wenn wir die Welt um uns herum betrachten, kann uns unsere eigene Meinung dabei helfen, etwas zu beleuchten, sie kann uns aber auch blenden. Unsere eigenen Glaubenssätze verbergen alles, was sie in Frage stellen könnten, und beleuchten alles, was sie rechtfertigt oder verstärkt. Unsere innere Überzeugung kann sich hervorragend verteidigen! Wir haben alle unsere blinden Flecken – insbesondere wenn der Mensch herausgefordert wird, der wir zu sein glauben und auf dem wir unser Leben begründen.

Krisen entstehen, weil unsere Überzeugung so sehr herausgefordert wird, dass ihre Grenzen nicht mehr standhalten können. Wir werden dazu gezwungen, nach neuem Glauben zu suchen, an dem wir uns orientieren können.

Die Glaubenssätze der großen spirituellen Leitfiguren der Geschichte wurden, bevor sie mit ihrer Lehrtätigkeit begannen, so stark hinterfragt, dass diese Persönlichkeit sich in ihrem gesamten Wesen veränderten. Sie ließen diese Transformationen zu und wurden damit zu leuchtenden Beispielen für andere Menschen.

Wenn wir Kinder großziehen, besteht eine der großen Freuden darin, zu beobachten, wie sich ihr Intellekt entwickelt. Er wächst nicht in kleinen Schritten, sondern macht riesige Sprünge. Als er vier Jahre alt war, glaubte mein Sohn, dass seine Mutter alle Antworten parat habe. Mami war die Wahrheit. Dann, eines Tages – an einem bestimmten Tag, an den ich mich lebhaft erinnere – wurde ihm bewusst, dass Mami nicht alle Antworten kannte. An diesem Tag begann seine Weisheit zu wachsen. Jetzt, als Teenager, denkt er, dass er alle Antworten kenne, aber wenn er erwachsen wird, wird sich auch diese Phase, in der er sich jetzt absolut sicher fühlt, wieder verändern. (»Nein, wird sie nicht«, sagt er. »Aber sicher«, sage ich, geduldig, aber bestimmt. »Du hast keine Ahnung«, entgegnet er. Ich warte ab.)

Sie sind, wer Sie zu sein glauben. Sie leben in der Welt, in der Sie zu leben glauben. Ihre Glaubenssätze bestimmen und unterstützen alles, was Sie in der Welt sehen. Das gilt auch für Ihre Impulse und Ihre Motivation. Wenn Sie diese Wirklichkeit nicht länger bestätigen können, werden Sie eine Krise erleben.

Ich war fünfunddreißig Jahre alt, als mein Mann und ich uns scheiden ließen. Mein Sohn war zwei Jahre alt. Auch wenn mein Mann und ich seit meiner Schwangerschaft getrennt lebten, war das Scheidungsverfahren eine erschreckend neue Welt.

Als ich das Scheidungsverfahren durchlief, traf ich in den Gerichtssälen auf eine Gruppe von Frauen. Wir alle schlugen uns mit teuren und barbarischen Scheidungsprozessen herum. Um sicherzustellen, dass wir das Sorgerecht unserer Kinder behielten, mussten wir einem Fremden – dem Richter – beweisen, dass wir ohne unsere Ehemänner lebensfähige Menschen waren, selbst wenn wir persönlich unsere Zweifel daran hegten. Wir mussten als Selbstversorgerinnen auftreten, fest und unerschütterlich angesichts der Anschuldigungen, die nicht einmal die Boulevardpresse zu drucken gewagt hätte.

In Wirklichkeit waren wir von den Anforderungen als alleinerziehende Mütter, dem Aussitzen der seelenzerstörenden Gerichtsverhandlungen und der Bezahlung unserer Anwälte wie erschlagen. Finanziell zog jede von uns den Kürzeren und war der Meinung, es würde nichts aus ihr werden.

Zu einem gewissen Zeitpunkt während der langwierigen Prozesse machte es jedoch in jeder von uns »Klick« – es fand eine spürbare innere Veränderung statt. Ironischerweise hatten wir uns so daran gewöhnt, Mut und Unabhängigkeit *vorzutäuschen*, dass wir begannen, an diese Charakterzüge zu glauben und sie zu verkörpern! Als sich unsere Glaubenssätze veränderten, fassten wir den Mut, Arbeitgeber wegen einer Arbeitsstelle anzurufen, mit unseren Anwälten anders umzugehen und unsere Talente einzusetzen, um erfolgreich zu sein. Als sich die innersten Überzeugungen jeder Einzelnen von uns zu verändern begannen, waren wir in der Lage, die Möglichkeiten um uns herum zu nutzen.

Ich bin immer noch erstaunt, dass diese persönliche Transformation innerhalb einer Gruppe ablief, und zwar fast gleichzeitig. Niemand könnte uns heute ins Gesicht sehen und sich vorstellen, dass wir damals zerbrechliche, ängstliche und abhängige Frauen waren, die scheu darauf warteten, dass ihr Fall angehört wurde.

In den Zeiten, in denen wir uns anpassen müssen, werden unsere wertgeschätzten inneren Reaktionen und Muster – die uns bis zu diesem Punkt unterstützt haben – zum Hindernis. Menschen, die abnehmen, eine bessere Arbeit finden oder ihre Beziehungen verändern wollen, müssen etwas in ihrem Ökosystem verändern – ihre Muster, Umgebung, Wahrnehmung oder Beziehungen –, aus dem sich ein natürliches und dauerhaftes Ergebnis entwickelt.

Wenn sich Ihre Überzeugungen verändern, Ihr Leben jedoch nicht, verbringen Sie den Rest Ihres Lebens als Schatten Ihrer selbst und streben danach, Ihre Überzeugungen in einer Welt aufrechtzuerhalten, die Sie nicht mehr bewohnen. Schauen wir uns einmal die Geschichte von Karen an:

Karen war ein Werbegenie. Sie konnte »Schmutz in Tüten« füllen und bei Ihnen den Wunsch wecken, diesen kaufen zu wollen. Die Menschen um sie herum beglückwünschten sie immer zu ihrer Arbeit. Ihr selbst jedoch waren ihre Arbeit und ihr Talent egal. Sie wollte eigentlich nur heiraten und eine Familie gründen und sehnte sich nach jemandem, der sich um sie kümmern würde. Diese Bedürfnisse bedeuteten ihr alles.

Leider waren ihre Beziehungen nichts als Katastrophen. Ihre Wahl fiel immer auf unpassende oder unerreichbare Männer. Von Monat zu Monat schwebte sie entweder im siebten Himmel, oder sie war am Boden zerstört, wenn sie eine Liebe verloren hatte. Zahlreiche weniger talentierte Menschen stiegen in der Firma auf und arbeiteten an Projekten, die Karens Begabungen entsprochen hätten. Weniger attraktive Frauen in Karens Umfeld heirateten und gründeten Familien. Eine alleinstehende ängstliche Karen, die nun neununddreißig Jahre alt war, erfüllte ihr Potenzial weder in der Arbeit noch in der Liebe. Indem sie ihre Begabungen als »Nichts« an das Ende ihrer Wünsche und ihre Heim- und Familienphantasie als ihr »Ein und Alles« an den Anfang stellte, beraubte sie sich der Kraft, beide Möglichkeiten zu verwirklichen.

Alles in Ihrem Leben sollte eine Bedeutung haben; nichts sollte wertlos sein.

Um Ihre Welt zu verändern, müssen Sie sich verändern

Einsteins Relativitätstheorie revolutionierte die wissenschaftliche Sichtweise des Universums und führte schließlich zur Entdeckung der Atomkraft. Die Relativitätstheorie ist für die Wissenschaftler jedoch mehr als ein Relativitätsprinzip: Sie ist ein mächtiges *Denkwerkzeug*, das wir alle einsetzen können. Diese Sichtweise wird die Art und Weise, in der Sie sich sehen, von Grund auf verändern und Ihnen die unermessliche Kraft geben, Ihr eigenes Universum entstehen zu lassen.

Sie sind kein einzelnes Energieteilchen ohne jegliche Verbindung. Sie erzeugen ein Energiefeld, Beziehungen und Ergebnisse. Wenn sich Ihre Welt verändert, verändern Sie sich ebenfalls. Das Relativitätsprinzip besagt, dass diese Dynamik auch umgekehrt funktioniert: *Wenn Sie sich verändern, verändert sich Ihre Welt – und damit verändert sich das Universum.*

Wenn Sie Ihre Welt verändern wollen, beginnen Sie, sich selbst zu verändern. Wenn Sie sich verändern, übertragen Sie die Veränderungen auf Ihre Welt und verändern damit die Dynamik von allem, was im Universum existiert. Sie und Ihre Lebensumstände verändern sich genau jetzt, während Sie die Worte auf dieser Seite lesen.

Indem wir diese Schritte unternehmen, verändern wir das Universum, von dem wir ein Teil sind. Verändern Sie sich selbst, um Ihre Welt zu verändern.

KAPITEL 2

Steckt Ihr Leben in der Krise?

In diesem Buch geht es darum, ein neues Leben zu beginnen. Warum fangen wir ein neues Leben an? Weil wir mit unserem alten in der Krise stecken.

Steckt Ihr Leben in der Krise? Wie können Sie das erkennen?

Ich frage, weil sich unsere Krisen nicht immer *als Notlagen* äußern. Wir stellen uns eine Krise normalerweise als etwas Großes und Dramatisches vor – sogar ein wichtiges positives Ereignis in unserem Leben kann eine Krise auslösen –, aber viele Krisen in unserem Leben vergehen unerkannt und werden fälschlicherweise für etwas anderes gehalten. Notfälle sind zumindest offensichtlich; sie fordern unsere sofortige Aufmerksamkeit.

Die meisten Lebenskrisen sind subtiler und viel schwerer erkennbar – für unser Wohlbefinden sind sie aber nicht weniger gefährlich. Ein scheinbar ruhiges Leben kann eine akute existenzielle Krise verbergen.

Die folgenden Fragen helfen Ihnen, um festzustellen, ob es in Ihrem Leben eine Krise gibt.

- Fehlt Ihnen etwas Wichtiges in Ihrem Leben – Freude, Erfolg, eine Beziehung?
- Wollen Sie etwas in Ihrem Leben verändern, wissen aber nicht, warum?
- Haben Sie das Gefühl, »nicht am richtigen Platz« oder »nicht Sie selbst« zu sein? Haben Sie das Gefühl »festzustecken«?
- Sind Sie in letzter Zeit im Umgang mit Menschen gereizter?
- Empfinden Sie bei kleineren Streitigkeiten Rachegefühle?
- Haben Sie einen Verlust erlitten?
- Gab es bei Ihnen vor kurzem eine (positive oder herausfordernde) Veränderung, die Ihnen das Gefühl der Orientierungslosigkeit gibt?
- Sind Sie oft traurig?
- Fühlen Sie sich überfordert?
- Erinnern Sie sich selten oder überhaupt nicht an Ihre Träume?
- Empfinden Sie Hoffnungslosigkeit?
- Scheinen die Dinge einfach immer schief zu laufen?
- Sind Sie der Meinung, dass es schwierig ist, sich eine glückliche Zukunft vorzustellen?
- Haben Sie nostalgische Erinnerungen an die Vergangenheit?

Wenn Sie eine dieser Fragen mit Ja beantwortet haben, könnten Sie sich in einer Krise befinden.

Gut so. Eine Krise kann ein wunderbarer Anlass sein, um ein besseres Leben zu beginnen.

Ein Zitat von einem meiner Lieblingsklienten lautet: »Mein Leben ist großartig. *Ich* bin der Schlamassel.«

Wenn in Ihrem Leben alles perfekt erscheint – Ihre Arbeit, Beziehungen, Ihr Lebensstil –, aber dennoch das Gefühl an Ihnen nagt, dass etwas nicht stimmt oder fehlt, dann ist es ziemlich wahrscheinlich, dass sich Ihr Leben in einer Krise befindet.

Viele der weit verbreiteten Depressionen, die für das moderne Leben so charakteristisch sind, stammen aus Krisen, die nicht zum Ausdruck gebracht werden: die inneren Quellen des Schmerzes, die unerklärliche Leere und Trauer, die wir erfahren, die abgestorbenen Bereiche in unserem Leben.

Diese Gefühle sind mögliche Anzeichen dafür, dass sich Ihr Leben in der Krise befindet. Auch der häufige Gebrauch der Worte »alles« und »nichts« kann auf eine Lebenskrise hindeuten. Achten Sie darauf, was Sie gelegentlich im Gespräch sagen. »Meine Ehe ist alles, was mir wichtig ist« oder »Ich tue nichts, um in Form zu bleiben«. Solche Aussagen sind Vorboten zukünftiger Krisen.

Was ist eine Krise?

Das Wort Krise stammt aus dem Altgriechischen und bedeutet »entscheiden«. Eine Krise ist eine Situation, die Sie dazu zwingt, eine Entscheidung zu treffen. Sie können keine Krise vermeiden, indem Sie sich nicht entscheiden, denn Sie haben selbst dann eine Entscheidung getroffen, wenn Sie sich entschieden haben, sich nicht zu entscheiden.

Eine Krise kann durch ein einzelnes dramatisches Ereignis oder sogar durch eine Reihe von kleineren Bedrohungen entstehen, die sich im Laufe einer ausreichend langen Zeitspanne angesammelt haben. Eine Krise kann uns tief verletzen und unsere Selbstwahrnehmung zutiefst verändern. Sie kann unsere Fähigkeit, effektiv zu handeln, ernsthaft unterwandern.

Tritt in einem unserer Lebensbereiche eine Krise auf, breitet sich ihre Wirkung kaskadenartig in jeden anderen Lebensbereich aus. Auf diese Weise entsteht eine tiefgreifende Veränderung. Nehmen wir einmal an, dass Sie Ihren Arbeitsplatz verloren haben. Nicht nur Ihr Lebensunterhalt verändert sich – jeder Aspekt Ihres Lebens ist mehr oder weniger davon betroffen.

Veränderung – und auch Krise – sind Bestandteile des Lebens

In unserem Leben finden ständig Veränderungen statt. Wir können mit diesen täglichen Veränderungen im Allgemeinen gut umgehen, da wir uns jeweils nur minimal neu anpassen müssen.

Manchmal erfolgt jedoch eine radikale Veränderung in unserem Leben, und in diesem Fall sind wir nicht so gerüstet, dass wir effektiv handeln können: der Verlust des Arbeitsplatzes; das Ende einer langen Beziehung; eine schwere Erkrankung; ein finanzieller Rückschlag.

Auch ohne abrupte Umbrüche führen die tagtäglichen Veränderungen selbst im geordnetsten Leben zu immer größeren Herausforderungen. Schließlich kann Ihr altes

Selbst nicht mehr länger effektiv funktionieren (oder etwas wirklich *erleben* – einige Menschen funktionieren, ohne dabei Freude zu erleben).

An diesem Punkt befindet sich Ihr Leben in einer Krise, deren Berg an Herausforderungen nichts weniger als eine Revolution in Ihrem Sein erzwingt. Wenn diese Revolution nicht stattfindet, wird Ihr Leben von den Möglichkeiten um Sie herum abgeschnitten. Bald befindet sich Ihr Leben in einer *permanenten* und fortwährenden Krise.

Es gibt zwei grundlegende Systeme der Vorwärtsbewegung: Evolution und Revolution. Die Evolution besteht aus kleinen, schrittweisen Veränderungen, das Ergebnis kann jedoch eine vollständige Metamorphose sein.

Die Evolution überholt sich letztendlich selbst, und das »entstandene« Wesen ähnelt seiner ursprünglichen Struktur nicht mehr; es passt nicht mehr länger in die alte Umgebung. Ein Baby im Bauch würde für sein mütterliches Zuhause zu groß werden und – wenn es darauf beharren würde, dort zu verweilen – sterben, wenn es nicht in eine neue Welt hineingeboren würde, um als neues Wesen neuen Herausforderungen zu begegnen.

Im Gegensatz dazu ist die Revolution ein plötzliches Ereignis, ein Schock und eine Herausforderung. Sie können plötzlich davon ereilt werden oder der Auslöser sein. Die Revolution zwingt uns zur Konfrontation mit dem, was wir nicht anschauen wollten. Wir müssen tief in uns selbst eintauchen, um zu überleben. Wir wenden uns auf neue Art und Weise an unsere Freunde, Gemeinschaft und Familie, weil wir plötzlich auf neue und ungewohnte Herausforderungen reagieren müssen.

Nachdem eine Revolution ihr Ziel erreicht hat, muss der Prozess des Aufräumens einsetzen. Dieses Aufräumen ist eine Kombination aus einem emotionalen, finanziellen, körperlichen, intellektuellen und spirituellen Verarbeiten, das noch Jahre nach der Revolution ablaufen kann, bis die Veränderung wirklich abgeschlossen ist.

Die klassische Formel für dramatische Dichtung besteht darin, einen Protagonisten in den Vordergrund zu stellen. Der Protagonist sieht sich einer Gefahr ausgesetzt und flieht auf einen Baum. Dort oben wird er von seinen Verfolgern mit Steinen beworfen, bekommt aber im Handlungsablauf buchstäblich genügend Mittel in die Hand, um sich erfolgreich zu verteidigen und sich aus seiner Lage zu befreien. Nachdem der Protagonist diese Herausforderung gemeistert hat, werden Sie merken, wie er und seine Welt sich durch den Vorfall verändert haben. Zudem wird Ihnen der weitere Handlungsverlauf zeigen, dass der Protagonist schon die nächste Herausforderung nicht mehr scheut.

Diese Formel gilt nicht nur für einen Roman – sondern bestimmt auch das Muster unseres Lebens.

Die Dinge laufen Tag für Tag relativ harmonisch ab – so scheint es wenigstens aus unserer Sicht. Natürlich geschieht das nicht immer problemlos, doch gibt es nichts, was nicht zu schaffen wäre.

Aber nach und nach, unmerklich – oder manchmal auch plötzlich, aus dem Nichts heraus – sammeln sich unsere Probleme an einem Punkt, an dem wir erkennen, dass wir uns in einer Krise befinden, die unsere volle Aufmerksamkeit und unseren vollen Einsatz erfordert. An diesem Punkt sitzen wir auf einem Baum und man wirft mit Steinen nach uns.

Wenn wir diesen Prozess an sich anerkennen und auch die Lektionen akzeptieren, die uns das Universum lehrt, wird uns klar, dass wir unsere Prioritäten, unser Verhalten, unsere Wahrnehmung, unser Bewusstsein oder vielleicht alles miteinander verändern müssen, um die Krise zu bewältigen.

Dann geht die Krise vorbei, und wir orientieren uns in unserem neuen Leben neu – wenn wir unsere Lektion gelernt haben. Manchmal lernen wir nicht und bleiben dadurch in der gleichen Krise stecken oder in einer anderen, die die vorangegangene bald ersetzt.

Übung: Eine grundlegend neue Erfahrung

Wenn Sie ein Superheld oder jemand anderes wären, der Ihre Krise lösen könnte, wer wären Sie dann?

Schlüpfen Sie einmal in diese Person hinein. Werden Sie einen Augenblick lang zu diesem Helden. Schlüpfen Sie auch einmal der Größe wegen in diese Person hinein. Stehen Sie auf und gehen Sie als diese neue Person im Zimmer umher. Wie fühlt sich diese Person im Inneren an? Welche Begabungen und Wünsche, welchen Selbstausdruck hat er oder sie? Was fällt Ihnen auf, wenn Sie sich in Gestalt dieser Person umsehen?

Tun Sie wirklich so, als ob sich diese Person in Ihrem Inneren befindet und Sie zu der Person werden können, die Ihre Krise auflöst. Wenn Sie diese Person wären, welche Gedanken und Gefühle hätten Sie dann? Wie würden Sie Ihre Situation sehen und erleben?

Machen Sie diese Übung kurz und konsequent. Dabei werden Sie Fähigkeiten, Einsichten und Perspektiven in sich entdecken, die Ihnen helfen, Ihre Krise kraftvoll aufzulösen. Jedes Mal, wenn Sie diese Übung machen, werden Sie neue Gefühle, Einsichten und innere Veränderungen feststellen. Die Erfahrung wird sich verändern, während *Sie* sich verändern. Sie sind so viel mehr, als Sie wissen. Sie können Ihre Träume erschaffen, selbst wenn Sie jetzt noch nicht wissen, welches diese Träume sind.

Am Anfang scheint es unmöglich, die Person zu werden, zu der Sie werden müssen, um die Krise zu bewältigen. Wenn sich Ihr Ehepartner mit einer jüngeren Person davongemacht hat – wie können Sie wieder zwanzig sein, wenn Sie das Gefühl haben, dies sei die Voraussetzung dafür, um eine neue Liebe zu finden? Wahrscheinlich ist es Ihnen nicht möglich (auch wenn ich einige wundersame Transformationen erlebt habe). Wenn Sie jedoch diese Übung machen, werden Sie die Eigenschaften finden, die Sie als Zwanzigjährige haben, und diese Eigenschaften zu der Energie hinzufügen, die Sie jetzt ausmacht. Diese Transformation geschieht nicht über Nacht, sondern ist ein kraftvoller fortlaufender Prozess.

Schauen wir uns einmal den Fall von Ellen an. Ellen war Direktorin einer Schule. Ihr Mann fand eine jüngere, reichere Frau und beendete ihre zweiundzwanzigjährige Ehe. Ellen wurde von Bitterkeit sowie von der Wut ihrer beiden Kinder verzehrt, die sich von beiden Eltern verlassen fühlten. In ihren frühen Fünfzigern hatte Ellen das Gefühl, dass ihr alles genommen worden war, was sie im Laufe ihrer Jahre investiert hatte, als sie noch gut aussah. Es war für Ellen anfangs sehr schwierig, die Übung mit der Superheldin zu machen – daher ist sie

48

unser perfektes Beispiel, um zu zeigen, wie die Übung funktioniert.

LAURA: Wenn du eine beliebige Person wärst, die dein Leben auf magische Art und Weise genau jetzt in Ordnung bringen könnte, wer wärst du?

ELLEN: Jemand, der nicht so dumm ist, sich ein Leben mit diesem blöden Kerl aufzubauen.

LAURA: Das ist – deiner Wahrnehmung nach – diejenige, die du warst. Beginnen wir von diesem Punkt aus. Wer könntest du jetzt sein, um die Dinge in Ordnung zu bringen?

ELLEN: Ich weiß nicht.

LAURA: Okay, du kannst jemand sein, der es nicht weiß. Du als deine Superheldin hast keine Ahnung davon, was vorgefallen ist und wie es weitergehen soll. Du bist jemand, der zugibt, nichts zu wissen. Warum stehst du nicht auf und gehst im Raum herum als jemand, der keine Ahnung hat? Du weißt nicht, was passiert ist, und du weißt nicht, was passieren wird. Du weißt nicht, wer du bist oder nicht bist. Du hast keine Ahnung. Wie fühlt sich diese Person innerlich?

ELLEN: Sie fühlt sich dumm, wenn sie so im Raum umherläuft. Sie hat das Gefühl, dass jeder sie ansieht. Da sie endlich die Aufmerksamkeit von allen hat, hat sie das Gefühl, dass sie damit etwas für sich selbst machen sollte, was ihr guttut.

LAURA: Großartig. Kannst du jetzt »ich« sagen anstelle von »sie«? Was willst du genau jetzt? Was siehst du um dich herum?

ELLEN: Ich erkenne, dass jeder betroffen wirkt. Ich habe mich so geschämt, mich wie ein Stück Abfall gefühlt. Aber wenn ich mich so umsehe und nichts weiß, habe ich das Gefühl, dass mir jeder helfen will, und ich fange an, mich zu öffnen, damit mir geholfen werden kann. Ich denke, dass ich mich sehr einsam gefühlt habe, und zwar schon sehr lange. Alles war darauf ausgerichtet, Jim [ihren Ehemann] glücklich zu machen, und das war verlorene Liebesmühe. Ich habe das Gefühl, dass ich anderen Menschen wirklich helfen kann, indem ich einfach mit ihnen zusammen bin. Ich weiß, dass viele meiner Freunde mir diese Rückmeldung gegeben haben.

LAURA: Gehe jetzt als dieser Mensch hier im Raum herum. Jemand, der etwas zu geben hat und es lange Zeit der falschen Person gegeben hat. Wie fühlt es sich an, dieser neue Mensch zu sein?

ELLEN: Ich habe das Gefühl, dass ich mich auf Partys einlade, ohne darauf zu warten, eingeladen zu werden, und über meine Situation Witze mache. Ich habe Lust, meinen Kindern zu sagen, dass die Dinge eben so sind und wir es alle zusammen schon schaffen werden. Wir müssen einfach etwas Neues ausprobieren. Ich habe das Gefühl, euch allen danken zu wollen. Ihr habt mich und meine Kinder in euer Leben eingeladen, wir waren viele Wochenenden unterwegs. Ihr habt dafür gesorgt, dass meine Kinder das Gefühl haben, etwas Besonderes und nicht die Opfer unserer neuen Situation zu sein. Ich habe das Gefühl, immer noch in meiner Ehe festzustecken. Im Herzen bin ich weiterhin verheiratet, aber auf eine kranke und negative Art. Wenn ich als dieser neue Mensch herumlaufe, habe ich das Gefühl, dass ich auf euch alle attraktiv wirke, als ob ihr mein Herz bewundern würdet. Ich habe das Gefühl, dass ich einen neuen Mann finden kann, der dieses Herz auch bewundert, selbst wenn es sich in einem älteren Körper befindet. Ich fühle mich gerade jetzt sogar wirklich schön. Jetzt ist es mir peinlich, was ich gesagt habe, aber so fühle ich mich. Wenn ich darüber nachdenke, war ich sogar unglücklich, bevor er gegangen ist. Ich brauche jemanden, der das Leben so tief empfindet wie ich. Meinem Exmann ging es immer um sich und seine Interessen; um Sport, Kino, Reisen, um nicht die Dinge zu tun, die ich mir wünschte. Das könnte meine Gelegenheit sein.

LAURA: Wer bist du also jetzt als Superheldin?

ELLEN: Ich bin jemand, der nicht weiß – der aber glaubt … Ich bin jemand, der vertraut.

Denken Sie daran, dass Ellen während dieser Übung das beschrieb, was sie anfangs als Versagen oder Unzulänglichkeiten ansah. Die Übung zeigte ihr, dass selbst diese Unzulänglichkeiten in »Supereigenschaften« umgewandelt werden konnten.

Wenn wir uns nicht an unsere Veränderung anpassen, erleben wir Ärger, Angst und möglicherweise sogar Depressionen. Wir können gelähmt sein, auf unbestimmte Zeit erstarrt an einem Punkt ausharren – zwischen dem, wer wir gerade sind, und wer wir sein könnten. Schauen wir uns einmal Emmas Geschichte an.

Ihrer Familie einen bestimmten Lebensstil bieten zu können, stand für Emma im Mittelpunkt. Während ihrer Ehe hatte Emma die meiste Zeit über eine hohe, hervorragend bezahlte berufliche Position. Sie arbeitete auch, nachdem sie ihre Kinder bekommen hatte. Sie besuchte die Familie nur am Wochenende und in den Sommerferien. In ihrer Familie war sie die Hauptverdienerin. Ihr Mann hatte kurz in einem kreativen Beruf gearbeitet und hörte dann ganz auf zu arbeiten. Sie hatten eine tüchtige Haushaltshilfe, sodass ihr Mann wenig zum Familienleben beitrug, auch wenn er meist zu Hause war.

Zu Beginn ihrer Ehe war Emma stolz darauf, ihre Familie so versorgen zu können, wie es ihren Eltern möglich gewesen war. Ihr Mann fand jedoch an allem, was sie tat, etwas auszusetzen. Anstatt für ihre Aufopferung dankbar zu sein, war er voller Groll und beleidigte sie.

Emma hielt an der Vorstellung fest, dass ihre Familie funktionierte. Die Arbeit war ihre Art, etwas beizutragen, lange nachdem sie erkannt hatte, dass sie die Einzige war, die einen Beitrag leistete. Selbst ihr Sohn wurde zum Echo der Beschwerden des Vaters und begann, sich ihr gegenüber schlecht zu benehmen. Ihre Tochter war still und traurig und wusste nicht, wie sie das Leid ihrer Mutter verdauen sollte, das diese anscheinend gar nicht wahrnahm.

Emma begann, das Interesse an ihren Lieblingsbeschäftigungen zu verlieren. Zudem verlor sie nach und nach an Gewicht. Zuvor war sie eine wunderschöne junge Frau gewesen, aber über die Jahre hinweg begann sie, spitz und hager zu wirken. Ein Krankheitssymptom nach dem anderen tauchte auf: Herzrhythmusstörungen, Schlaflosigkeit, Verdauungsprobleme, Probleme mit dem Unterleib. Sie schrieb ihre Beschwerden dem Alter zu. Ihre Freunde wussten, dass ihr Mann Affären hatte, aber sie ahnte nichts davon.

Als sie schließlich herausfand, dass ihr Mann eine Affäre hatte, enthüllte diese Krise Probleme, die jahrelang nicht zum Ausdruck gekommen waren. Emma hatte das Gefühl, dass ihr Leben ein Ende gefunden hatte und alles, für das sie gearbeitet hatte, vergeudet war. Durch ihre Krise konnte sie jedoch handeln: Sie begann, ihre Kinder und ihr Leben zurückzugewinnen.

Emma erkannte, dass ihre Rolle nicht nur darin bestand, für andere zu sorgen. Sie erkannte, dass viele verschiedene Faktoren ein Leben ausmachen und dass sie sich ohne diese nur noch dahingeschleppt hatte. Mit dieser Einsicht begann sie, ihr Leben neu aufzubauen.

Sie nimmt nun ihre Sorgen bewusst wahr, sodass sie deren Ursache einmal täglich aktiv angehen kann. Ihr Mann hat seinen »Anteil« in Anspruch genommen – den Unterhalt, von dem er für den Rest seines Lebens bescheiden leben kann.

Sie nahm sich alles, was sie sich verdient, zuvor aber nicht genossen hatte – zwei wunderbare Kinder, eine großartige Karriere und die Eigenschaften, sich wirklich zu freuen und in einer Beziehung großzügig zu sein. Ich sehe die wunderbare Zukunft, die auf sie wartet, und was noch wichtiger ist – Emma sieht sie auch.

Eine Krise kann ein getarnter Segen sein. Eine Krise zwingt Sie, ein neues Leben zu erschaffen, eines, das Ihren tiefsten Bedürfnissen entspricht. Krisen erlauben es nicht, dass sie »einfach vorübergehen« und wir mit überhand nehmenden Depressionen auf niedrigem Niveau leben, die durch nicht zum Ausdruck gebrachte Bedürfnisse und unerfüllte Träume entstanden sind. Eine Krise erschüttert den aktuellen Zustand und spornt Sie an, die Menschen und Situationen in Ihrem Leben neu zu bewerten und Veränderungen vorzunehmen, die zu Freude und Erfolg führen.

Eine Krise ist eine verspätete Transformation. Natürlich sind nicht alle katastrophenartigen Ereignisse leicht zu ertragen. Mit dem notwendigen Wissen und der Unterstützung kann uns jedoch jede beliebige Veränderung im Leben an einen kraftvolleren und authentischeren Ort befördern. Authentisch zu sein bedeutet, voller Stolz das Leben zu leben, das Ihnen die Gelegenheit bietet, sich voll zum Ausdruck zu bringen.

Zu einem von Freude erfüllten Leben gehört auch, dass Sie auf Krisen vorbereitet sind. Je mehr Sie lernen, mit Krisen umzugehen, desto solider wird Ihr Leben in jeder Hinsicht. Wenn Sie lernen, Krisen zu bewältigen, lernen Sie das Leben zu bewältigen, da Krisen ein grundlegender Bestandteil der menschlichen Existenz sind.

Eine Krise kann das persönliche Wachstum fördern

Ich bin als Überlebende geboren. Selbst in den Zeiten, in denen meine Entschlossenheit zu leben auf dem Prüfstand war, habe ich einen Fuß vor den anderen gesetzt, bis ich schließlich mein Tempo wiedergefunden hatte.

Als ich jung war, habe ich mein Überlebenstalent dem

Glück, dem Glauben oder meinem einzigartigen Temperament zugeschrieben. Trotzdem hat jede Charaktereigenschaft manchmal versagt. Nachdem ich seit fünfundvierzig Jahren auf diesem Planeten unterwegs bin und seit zwanzig Jahren mit Menschen in der Krise arbeite, kenne ich den Unterschied zwischen einem Überlebenden und einem Opfer. Wir alle sind Opfer von etwas. Wie wir *nach* unserem Sturz handeln, bestimmt, ob wir auch Überlebende sind.

Ich erzähle Ihnen hier auch meine Geschichte, damit Sie erkennen können, warum mich diese Arbeit mit so viel Leidenschaft erfüllt. Das Schlimmste, was mir je passiert ist, hat sich als getarnter Segen enthüllt.

Meine Geschichte

Das Folgende liebe ich an mir und an meinem Leben am meisten: meinen Sohn und meine Familie. Meine Intuition. Meine Fähigkeit, andere zu pflegen, zu unterrichten und zu heilen. Meine Phantasie. Meine Vorsicht und Empfindsamkeit. Meine loyale, leidenschaftliche und transzendente Art des Liebens. Meine Fähigkeit, das zu finden oder hervorzubringen, was ich irgendwo, in einer beliebigen Situation benötige.

Zwei Tage nach meinem vierzehnten Geburtstag wurde mein schlimmster Alptraum wahr: Die einzige Person, die ich liebte, wurde mir entrissen. Blitzartig wurden meine sämtlichen Träume und Glaubenssätze zerstört, alle Lebensstrukturen wurden auf den Kopf gestellt. Und trotzdem wurde alles, was ich liebe, auch an diesem Tag geboren.

Obwohl ich meinem Vater vom Aussehen und von meiner kontrollierten und verantwortungsvollen Art her ähnele, war ich mit jeder Faser die Tochter meiner Mutter. Ich konnte mir nichts und niemanden vorstellen, der schöner als meine Mutter war. Sie schrieb Gedichte und malte Bilder mit Stolz und Hingabe. Selbst in meinen frühesten Erinnerungen kann ich mich an keine Zeit erinnern, in der meine Mutter nicht der Mittelpunkt und die Gesamtheit meines Universums war. Zwar akzeptierte ich ihren Wunsch zu sterben, ohne ihn zu hinterfragen, doch war ich enthusiastisch und voller Aufopferung, um sie am Leben zu erhalten (und war immerhin noch Jahren von meinem 16. Geburtstag enfernt!). Kein einziges Mal beneidete ich eine andere Familie.

Ich hatte die zauberhafteste Mutter. Ich erinnere mich noch an den Einschulungstag, als sie mich zur Schule brachte. Ich war so stolz, dass sie mir gehörte und die Welt sie sehen konnte. Aufgrund ihrer jahrelangen Depression, ihrer Selbstmordversuche, ihrer Scheidung von meinem Vater und ihres bitteren Kampfes um das Sorgerecht war ich immer besorgt, sie zu verlieren, und mein einziger Wunsch war es, immer in ihrer Nähe zu sein.

Ich wusste, dass ich *immer* bei meiner Mutter leben würde. Ich *wusste* es. Schließlich brauchte ich sie, und sie brauchte mich. Ich lebte all meine Erfahrungen so, dass ich sie mit zu ihr nach Hause nehmen und mit ihr zusammen genießen konnte. Obwohl ich das Älteste ihrer vier Kinder war, hatte ich das Gefühl, ihr einziges Kind zu sein. Sicherlich war ich das Kind, für das sie lebte. Ich habe immer noch den Brief, in dem sie mir schrieb, dass ich sie am Leben erhalten hätte.

Kurz vor dem Tod meiner Mutter durchliefen meine Eltern eine schwierige Scheidung. Ich war gezwungen, bei meinem Vater zu leben, einen halben Kontinent entfernt. Mein Vater und ich hatten eine spannungsreiche Beziehung. Ich heckte täglich neue Pläne aus und dachte ständig über Wege nach, wie ich zu meiner Mutter zurückfinden könnte. Ich arbeitete als Babysitterin, um Geld zu verdienen, damit ich meine Mutter anrufen konnte, während sie bei ihren Eltern in Kansas lebte. Von meinem Vater nahm ich so wenig Geld wie möglich an, damit ich nicht so abhängig von dem war, was ich verlassen würde. Ich hatte keine Zeit für Freunde oder Geld, um ins Kino zu gehen. Ich dachte nur daran, mit meiner Mutter zusammenzuleben. Alles andere war unwichtig.

Meine gesamten vierzehn Jahre hatte ich damit verbracht, meine Mutter am Leben zu erhalten. Meine Mutter, die manisch-depressiv war, war ein wunderbarer Mensch, kreativ und liebevoll, wenn es ihr gut ging oder wenn sie zumindest manisch war. Ging es ihr jedoch nicht gut – was die meiste Zeit der Fall war –, litt sie Höllenqualen, war selbstmordgefährdet oder schlief.

Es ist seltsam, an welche Einzelheiten eines wichtigen Lebensereignisses wir uns auch Jahre später noch erinnern.

Es war zwei Tage nach meinem vierzehnten Geburtstag. Ich war mit meiner guten Freundin Squeegee und einigen anderen Freunden auf einem Tischtennisturnier in Philadelphia gewesen. Einer der Jungs hatte mir scherzhaft den Kosenamen »Brüstchen« gegeben. Aufgrund seines Kommentars stellte ich fest, dass mir – endlich – ein winziger Busen wuchs. Ich gewann eine neue beste Freundin auf diesem Turnier. Sie hatte keine Mutter, sondern nur einen Vater, der als Sicherheitsbeamter arbeitete und nur wenige Zähne hatte. Ich war in ihren Bruder verliebt.

Es war elf Uhr abends. Ich war gerade aus Philadelphia nach Hause gekommen. Ich war müde, aber noch aufgeregt vom Tag. Ich war in Squeegees Wohnung. Ich wollte gerade ein Bagel-Brötchen essen, als mich mein Vater anrief und mir sagte, ich sollte sofort in unsere Wohnung hochkommen. Er saß an seinem großen Schreibtisch aus Holz ganz hinten rechts im Zimmer. Er stand vom Schreibtisch auf, als ich hereinkam und immer noch den Bagel in der Hand hielt. Er war wütend, weil ich spät nach Hause gekommen war. »Deine Mutter ist tot«, sagte er. »Geh und kümmere dich um deine Geschwister.«

Innerhalb eines Augenblicks wurde mein Leben unwirklich. Ich ließ den Bagel fallen und stürzte zu Boden, nicht so sehr, weil mir schwindelig war, sondern weil ich nicht wusste, was ich sonst hätte machen sollen. Ich hatte das Gefühl, als sei ich in einem Film. Nichts konnte echt sein in einer Szene, in der meine Mutter tot war.

Ich hatte gerade zwei Tage zuvor an meinem Geburtstag mit ihr gesprochen. Ich hatte den ganzen Tag lang versucht, sie von Philadelphia aus zu erreichen, aber niemand hatte abgenommen. Wenn ich mit meiner häufig selbstmordgefährdeten Mutter keinen Kontakt aufnehmen konnte, war ich oft außer mir. An diesem Tag war ich jedoch von meiner Verliebtheit und meiner neuen besten Freundin so überwältigt, dass sich meine kindliche Sorge in meinem Bewusstsein irgendwohin zurückgezogen hatte, sodass ich die seltene Gelegenheit hatte, eine relativ sorglose Vierzehnjährige zu sein.

Vielleicht glauben Sie, dass meine Welt zusammenbrach, als sie starb, aber das geschah nicht. Ich schrieb ihr weiter Gedichte, sprach mit ihr, erinnerte mich an ihren Geruch, wenn ich einschlief. Ich fand überall Zeichen von ihr. Ich verleugnete einfach, dass sie nicht mehr da war.

Fünf Jahre später überwältigte mich schließlich eines Tages das enorme Ausmaß meines Verlustes: Meine Mutter war tot. Meine sorgfältig strukturierte Welt – auf dem wackeligen Fundament des Verleugnens gebaut – löste sich auf. Ich löste mich ebenfalls auf. Innerhalb eines Jahres war ich verheiratet, ging von der Schule ab und wurde von Ängsten geplagt, die von einem Atomkrieg bis hin zu eingebildeten Krampfadern reichten. Ich war gelähmt, und dieser Zustand hielt die nächsten zehn Jahre an.

Als meine Mutter noch lebte, entwickelte ich eine hervorragende Intuition, sodass ich ihre Depressionen und Selbstmordversuche vorhersagen konnte. Dies war ein letztendlich vergeblicher Versuch, sie am Leben zu erhalten. Da mich meine Intuition manchmal erst dann warnte, als die Schübe kurz bevorstanden, entwickelte ich auch meine Heilfähigkeit: Ich war in der Lage, in einem solchen Moment Energie und Materie zu verschieben. Nachdem meine Mutter gestorben war, trug ich den gleichen Kampf aus, indem ich eine Heilerin wurde, die mit Kranken im Endstadium arbeitete und ihre Intuitivität entwickelte, um Katastrophen vorauszuahnen oder gar zu vermeiden.

In diesen Jahren hielt ich weiter nach meiner Mutter Ausschau, auch wenn ich mir nun dessen bewusst war, dass sie tot war. Um sie zu finden, reichte meine Wahrnehmung so weit, dass ich eine Fähigkeit entwickelte, von der ich zuvor nicht einmal wusste, dass sie existierte: Mein Blick konnte in alles eintauchen – in andere Menschen, in die Zukunft, in Möglichkeiten, die noch nicht einmal erdacht waren – und ich konnte beschreiben, was ich genau und in allen Einzelheiten sah. Aufgrund der Geistes-krankheit meiner Mutter waren mir Gelegenheiten und insbesondere Fragen von Wissenschaftlern willkommen, um meine Intuition und Heilfähigkeit zu testen. Meine unheimliche Begabung wurde gefeiert und gut dokumen-tiert.

Als ich mich Jahre später scheiden ließ, half mir meine intuitive Begabung, einen *New York Times* Bestseller zu schreiben, der anderen Menschen eine Anleitung gab, wie sie ihre eigene Intuition schulen konnten. Nachdem ich vierzehn Jahre lang versucht hatte, meine Mutter zu heilen, suchte ich nun nach Menschen, die Heilung be-nötigten, und erreichte dabei weltweite Anerkennung.

Mein Bedürfnis, meine eigene kleine Welt zu schaffen, zu der auch meine verstorbene Mutter gehörte, ermög-lichte es mir, eine sichere und wunderbare Welt für meine Familie zu schaffen. Meine Loftwohnung ist für meine Freunde und die Freunde meines Sohnes das »Haus der Erholung«. Ich arbeite zu Hause in meiner kleinen Welt und erreiche dabei die Welt im Großen.

So können Sie sehen, dass das Schlimmste, was mir je widerfahren ist, gleichzeitig ein verborgener Segen war.

Meine Mutter nahm sich zwei Tage nach meinem vier-zehnten Geburtstag das Leben. Seitdem feiere ich meinen Geburtstag am 22. März – und gedenke achtundvierzig Stunden später des Todes meiner Mutter.

Ich lebte meine Kindheit in einem ständigen Zustand der Wachsamkeit und war allzeit bereit. Ich verlor meine normale Kindheitsentwicklung und versuchte, meine Mutter am Leben zu erhalten. Wie bei allen Verlusten barg auch mein Verlust ein wertvolles Geschenk. Alles, was ich heute bin – das Leben, das ich liebe, meine Fähigkeit, jenseits von Grenzen sehen zu können, meine Fähigkeit, andere zu heilen –, entstammt meinem Verlust in der Kindheit.

Fast auf den Tag genau neunzehn Jahre nach dem Tod meiner Mutter wurde mein Sohn geboren – an meinem Geburtstag.

Wenn wir den vernichtenden Schmerz und die Folter traumatischer Ereignisse erleben, ist es keine leichte Aufgabe, die Dinge so zu sehen, dass wir den versteckten Segen finden können. Als ich meine Mutter verlor, brauchte ich Jahre, um die Fülle dessen zu erkennen, was das Universum für mich bereitgestellt hatte.

Die Übungen in diesem Buch sollen Ihnen helfen, diesen Prozess zu beschleunigen, damit Sie das neue Selbst und das neue Leben, das jede Krise mit sich bringt, noch offener begrüßen können.

Krisenheilung

Beantworten Sie die folgenden Fragen:

- *Was lieben Sie am Leben und an sich selbst?*
- *Was ist das Schlimmste, das Ihnen je widerfahren ist?*
- *Wie würde Ihr Leben heute aussehen, wenn dieses Ereignis nie stattgefunden hätte?*

Tragen Sie Ihre Antworten in Ihr Tagebuch ein.

Wenn Sie in den kommenden Tagen und Wochen dieses Buch lesen und dabei zu größeren Einsichten über sich selbst und Ihr Leben gelangen, kehren Sie nochmals zu diesen Fragen zurück. Genau wie ich werden Sie erkennen, dass das Schlimmste, was Ihnen im Leben jemals passiert ist, Ihnen trotzdem viele geliebte und authentische Eigenschaften geschenkt hat.

Wir verdienen uns unsere Geschenke, wenn wir dazu gezwungen werden, über das hinauszugehen, wer und was wir sind, sei es durch eine Krise oder einen Verlust. Unser Leben verändert sich aber auch durch Ruhm oder Glück. Eine Krise ist unsere Art der Weiterentwicklung, wenn uns der Mut fehlt, dies aus unserer eigenen Entscheidung heraus zu tun. Selbst wenn Ihnen diese Theorie nicht einleuchtet, haben Sie keine andere Wahl, als in Ihrem Leben weiterzumachen. Die wichtigen Fragen heißen nicht »Warum ist mir das passiert?« oder »Wie ist das passiert?«, sondern »Wer bin ich?« und »Wohin will ich?«. Ihre Antwort könnte lauten »Ich will zurück in meine Ehe« oder »Ich will die Person sein, die ich war, bevor ich niedergeschlagen und ausgeraubt wurde, oder bevor meine Mutter starb, oder, oder, oder…«.

Sie können auf eine neue Art und Weise Erfüllung finden – wenn Sie an die Wurzel dessen gehen, was wirklich fehlt. Denken Sie dabei daran, dass ein Großteil des Bedauerns eigentlich ein Schuldgefühl ist. Wir quälen uns selbst mit der Kindheitsphantasie, dass wir die Welt kontrollieren – wenn wir nur dieses oder jenes getan hätten, würden wir jetzt nicht so leiden.

Als ich meine Mutter verlor, wollte ich sie natürlich zurückhaben. Die Wurzel dessen, was ich mir wünschte, war jedoch, dass mir ein anderer Mensch die Liebe und Fürsorge gab, die ich meiner Mutter gewidmet hatte.

Eine Krise versetzt Ihrer Welt einen gewaltigen Schlag. Wenn Ihr Leben einen Krisenzustand erreicht, haben Sie keine Wahl: Sie entwickeln sich weiter oder Sie bleiben verkrüppelt zurück.

Überleben ist nicht einfach die Fähigkeit, weiterzuatmen. Überleben ist die Fähigkeit, jede Krise oder jede Veränderung in ein kraftvolleres, befriedigenderes Leben zu verwandeln. Überleben ist die Fähigkeit, die Person aufzugeben, die Sie waren, damit Sie sich zu einem Menschen entwickeln können, der noch mehr Freude empfindet und noch mehr strahlt.

Ein Ende ist ein Anfang – wenn wir das zulassen. Weil uns das Loslassen jedoch so schwerfällt, ist nicht sicher, ob wir an einen besseren Ort gelangen können.

Im Leben sollten wir lernen, wie wir Dinge loslassen können – Ängste, Träume, Menschen und Situationen –, um an einen besseren Ort zu gelangen.

Wir betrachten unser Leben so, als sei es linear angelegt. Betrachten wir einmal unseren Beruf: Das Wort *Karriere* leitet sich aus alten Worten für »Straße« und später sogar »Rennstrecke« ab.

Wenn wir uns das Leben so vorstellen, dürfen wir nicht überrascht sein, dass wir schreckliche Angst empfinden, wenn diese Karriere dahinzurasen scheint, strauchelt oder außer Kontrolle gerät – oder wenn sich unser Leben so anfühlt, als wäre es »vom Kurs abgekommen«.

Die Wahrheit sieht ganz anders aus. Unser Leben ist eigentlich eine Abfolge von sich ständig erweiternden Zyklen, in denen wir das eine Selbst gegen ein anderes eintauschen.

Wir bekommen Probleme, wenn wir diesen Prozess nicht anerkennen und ständig gegen ihn ankämpfen.

Denken Sie daran: Eine Krise ist eine Gelegenheit, eine dramatische, positive Veränderung vorzunehmen. Die Dinge *müssen* zerbrechen, damit Sie an einen besseren Ort gelangen. Wer das Leben nicht so sieht, wird am Ende auf der Strecke bleiben.

KAPITEL 3

Ein neues Leben erwartet Sie, wenn Sie Ihr altes aufgeben

Vor einigen Jahren saß ich allein in einem Café in der Nähe des New Yorker Naturkundemuseums und trank genüsslich eine Tasse Tee. Es war Anfang Februar, also normalerweise kalter Winter und bestimmt nicht meine Lieblingsjahreszeit.

Dieser Winter war jedoch ungewöhnlich warm. So warm, dass es den Anschein hatte, der Winter habe noch nicht begonnen und New York sonne sich in einem milden Herbst.

Ich genoss die Aussicht auf das Museum und beobachtete die Passanten durch die großen Fenster des Cafés, als mir etwas Besonderes ins Auge fiel. Der Laubbaum auf der Höhe meines Platzes im Café hatte noch immer alle Blätter (aber es war doch tiefster Winter)!

Es dämmerte mir, dass der Baum, der im Herbst und frühen Winter keine ausreichend tiefen Temperaturen erfahren hatte, nicht »wusste«, dass er seine Blätter fallen lassen sollte. Es schmerzte mich, als mir klar wurde, dass mit dem Frühlingsbeginn in einigen Wochen neue Knospen versuchen würden, aus den normalerweise blattlosen Ästen hervorzusprießen.

Wie würde der Baum sein Dilemma lösen? Wie sollte neues Leben aus den Zweigen sprießen, solange der Baum noch an Teilen seines alten Lebens festhielt?

Von Zeit zu Zeit denke ich wieder an diesen Baum – besonders, wenn ich darüber nachsinne, wie oft wir Menschen an alten Teilen unseres Selbst festhalten, deren Zeit längst vorbei ist. Damit verhindern wir, dass neue, lebendigere Anteile unseres Seins an die Oberfläche gelangen können.

Um zu leben und einen Übergang zu schaffen, den unser Leben benötigt, müssen wir in der Lage sein, eine alte Realität bewusst loszulassen. Und wir müssen bereit sein, eine neue zu erschaffen. Das neue Leben, das Sie erschaffen haben, ist ein Geschenk – Sie haben eine Krise in einen Segen verwandelt!

Als Embryos können wir nach und nach immer mehr wahrnehmen und gewinnen an Kraft. Anfangs gibt es für uns kein bewusstes Erleben. Wie können wir das wissen? Das Gehirn entwickelt sich erst nach einer bestimmten Anzahl von Monaten nach der Zeugung. Langsam entwickeln sich unsere Gliedmaßen, Organe und Wahrnehmungen, und wir beginnen, unser eigenes Sein wahrzunehmen.

Ab einem bestimmten Zeitpunkt nach der Empfängnis sind wir in der Lage, auf unsere Umgebung und ihre Veränderungen zu reagieren, unsere Handlungen bewusst zu lenken und uns an unsere Umgebung neu anzupassen. Sobald uns dies gelingt, wird unsere Umgebung (der Mutterleib) zu eng und wir schütten die notwendigen Hormone aus, um geboren zu werden.

Bei der Geburt lassen wir alles hinter uns, was wir

kannten oder erfahren haben. Wir lassen viele unserer Anpassungsmechanismen hinter uns, weil wir uns nicht wohlfühlen und Veränderungen vornehmen müssen. Wenn wir über unsere Zeit hinaus weiter in der Umgebung des Mutterleibs blieben, würden wir nie in eine neue Welt hineingeboren – wir würden sterben.

Bei der Geburt verlässt das Kind seine vertraute Umgebung; es atmet Luft und muss kommunizieren, um Nahrung, Wärme und Schutz zu bekommen. Wenn Sie einmal das verloren haben, was war – das »Selbst«, das Sie im Mutterleib waren –, gibt es kein Zurück mehr. Die frühere Situation – das Ich, das Sie waren – existiert nicht länger.

Die Tragödie des Menschseins besteht darin, dass es kein Zurück gibt. Es gibt jedoch immer ein *Vorankommen*. Das ist das göttliche Geschenk und Privileg des Menschseins.

Das Ziel unseres Lebens sollte darin bestehen, über unseren angesammelten Berg von Erfahrungen hinauszugehen – hinein in das neuere, stärkere, leuchtendere, freudvollere und noch wunderbarere Selbst, das wir sein sollen. Und trotzdem halten wir fest – sowohl an guten als auch an schlechten Erfahrungen – und bleiben auf diese Art und Weise stecken.

Loslassen ist schwer

Um das Leben in all seiner Fülle leben zu können, müssen Sie bereit sein, sich selbst loszulassen. Diese Aufgabe ist nie einfach, denn so schlecht unser altes Leben bisher gewesen sein mag – es hat uns geprägt, und wir wurden von ihm geprägt.

Die Vergangenheit loszulassen ist der schwierigste Teil des Menschseins. All das, was Sie als »Selbst« und als »Zuhause« definieren, ist in Ihrer Geschichte enthalten.

Und doch gibt es im Leben Situationen, in denen eine Veränderung unausweichlich ist. Sie wissen vielleicht nicht immer, wann eine Beziehung beendet ist oder wann es an der Zeit ist, einen Arbeitsplatz zu verlassen, eine Stadt oder sogar die Art und Weise, sich selbst zu sehen. Schauen wir uns einmal Jamies Geschichte an.

Als Jamie zwölf Jahre alt war, starb seine Mutter. Als sein Vater ein Jahr später ebenfalls starb, kamen er und sein Bruder zu Pflegeeltern. Eine Familie auf Long Island bot sich an, beide Jungen zu sich zu nehmen.

Die Kinder, die beide eine innige Beziehung zu ihrem Vater gehabt hatten, reagierten sehr unterschiedlich auf die Krise. Chris, der ein Jahr jünger war als Jamie, explodierte jedes Mal vor Wut, wenn eine Veränderung eintrat. Er leistete Widerstand, wenn es darum ging, die Schule zu wechseln; er hasste seine Pflegefamilie; er bestand darauf, nach New York zurückzukehren, um sich dort zu vergnügen, auch wenn es auf Long Island viele Freizeitangebote gab. Es gelang ihm nicht, neue Freunde zu gewinnen, und er schwänzte oft die Schule, um sich in der Stadt mit seiner alten Clique herumzutreiben. Verständlicherweise hielt er damit an einem Leben fest, das bereits verloren war. Er wanderte von Kinderheim zu Kinderheim und ließ sich nirgendwo richtig nieder. Als Letztes hörte ich, dass er im Gefängnis saß.

Jamie dagegen bemühte sich sehr, sich in seine neue Familie einzugliedern. Er schloss sich dem Fußballteam an, auch wenn er als Stadtjunge Schach gespielt hatte. Er konzentrierte seine Energie darauf, die besten Noten zu bekommen, um auf ein gutes College zu gehen. Er fand heraus, dass es staatliche Förderprogramme für Waisenkinder gab und nutzte diese so gut wie möglich. Er gewann eine völlig neue Lebensqualität und nutzte jede Gelegenheit, die sich ihm bot, das Beste daraus zu machen.

Erst nachdem er seinen College-Abschluss absolviert, Karriere gemacht und geheiratet hatte und die Geburt seines ersten Kindes erwartete (all das geschah in jungen Jahren), erlebte er die volle Wucht seiner Trauer. Obwohl er ein eigenes Zuhause, eine liebevolle Frau und ein neues Leben hatte, übermannte ihn plötzlich die Trauer. Er war jedoch in der Lage, die guten Dinge aufzählen zu können, genauso wie er seine Verluste beklagte.

Chris konnte seine Vergangenheit nicht loslassen. Er blieb der Junge von damals, der von seinen Eltern geliebt wurde, die in New York City lebten. Dieser kleine Junge suchte noch immer nach einem Zuhause in der Vergangenheit, das nicht länger existiert. Er war unfähig, veränderte Umstände für sich zu nutzen.

Jamie setzte einen Fuß vor den anderen und ging weiter. Er beobachtete, veränderte sich, passte sich an, schulte sein Verhalten und fand seinen Weg »zurück nach Hause« zu einer eigenen Familie. Um das zu tun, musste er eine Art des Seins und ein Leben zurücklassen, das er zutiefst geliebt hatte. Wenn er aber daran festgehalten hätte, hätte ihm das nur geschadet.

Leben lernen bedeutet loslassen lernen. Wissen und Können erfüllen uns mit Freude und lassen uns erfolgreich werden.

Uns allen ist klar, wie wichtig es ist, schädliche Dinge in unserem Leben aufzugeben: eine schlechte Beziehung, einen frustrierenden Arbeitsplatz. Es ist jedoch oft unmöglich, diese Dinge aufzugeben, bis wir das Selbst loslassen können, das mit diesen Dingen fest verknüpft ist.

Überraschenderweise sind wir seit unserer Kindheit in der Lage, das eine Selbst für ein anderes aufzugeben. Wir verbringen einen Großteil unserer Kindheit damit, unser pragmatisches Wissen über das Selbst zu entwickeln. Wir lernen, wer unsere Familie ist, was unsere Regeln sind, welche Verantwortung und inneren Überzeugungen wir haben und so weiter. Wir lernen, wer wir in der Welt sind.

Jede darauffolgende Lebensphase zwingt uns, das Gefühl des Selbst aufzugeben und uns wieder neu zu definieren: Jugend, Erwachsenenalter, Elternschaft, reifes Alter. In jedem Kapitel unseres Lebens müssen wir erneut mit der Suche beginnen, um die einfache Frage zu beantworten: *Wer bin ich?*

Wir verstehen alle, warum Peter Pan ewig jung bleiben wollte, und doch erlebte Peter Pan nie die vielen Freuden, die mit der Reife kommen.

Wir müssen lernen, loszulassen

Auf allen Ebenen – ob als Einzelperson, Firma und in der Gesellschaft – nutzen wir den Wandel nicht effektiv, weil wir denken, dass das Leben eine dauerhafte Struktur hat, die lediglich einem langfristigen evolutionären Wandel unterliegt. Oft sträuben wir uns gegen Veränderung – wir versuchen verzweifelt, an dem festzuhalten, was wir einmal besaßen –, um unsere Illusion der Kontrolle aufrechtzuerhalten.

Um uns in dieser illusionären Kontrolle zu bestätigen, versuchen wir oft, das Alte neu aufzubauen oder zu heilen, anstatt weiterzugehen. Wenn wir weitergehen, bedeutet das nicht immer, dass wir etwas aus unserem Leben für immer verlieren müssen. Ich kenne viele zwischenmenschlichen Beziehungen, die zwar starben, dann aber in veränderter Form wiedergeboren wurden.

In unserer Gesellschaft haben wir nicht gelernt, die größten Übergänge im Leben zu bewältigen. »Es gibt keinen zweiten Akt in dem Leben eines Amerikaners«, klagte der Autor F. Scott Fitzgerald. Daher widersetzen wir uns dem Wandel auf krankhafte und letztendlich sinnlose Art und Weise.

Damit ein zweiter Akt aufgeführt werden kann, müssen wir den Vorhang zum ersten Akt schließen.

Das ist der Trick.

Wenn Sie dieses Buch lesen, öffnen Sie den Vorhang zum nächsten Akt Ihres Lebens.

Ich kenne Menschen, die in ihrer Stagnation verweilten und sich schließlich selbst aufgaben. Erfahrungen, die die Hartgesottensten von uns in eine Krise gestürzt hätten, sind an ihnen vorübergezogen und haben nichts verändert. Das mag beneidenswert erscheinen, insbesondere für diejenigen, die gerade in diesem Moment den schmerzhaften Teil einer Krise durchlaufen. Diese Menschen wachsen jedoch nie.

Wenn Sie nicht wachsen wie das Baby, das aus seinem Mutterleib herausgewachsen ist, dann stagnieren Sie. Diese Stagnation nimmt oft die Form von Krankheit, Depression, Gewichtsproblemen und Schlimmerem an.

Wenn Sie an Ihrem eigenen Leben nicht aktiv teilnehmen, dann sind Sie sein Opfer. Theas Geschichte soll diese Erkenntnis veranschaulichen.

Thea war zweiundvierzig und eine wunderschöne, erfolgreiche Frau. Eine Freundin brachte sie zu einem meiner Workshops mit, damit sie lernte, mit ihrer Intuition zu arbeiten. Thea erholte sich gerade von einem gebrochenen Herzen. Einige Monate zuvor hatte Thea den Mann getroffen, von dem sie glaubte, dass sie ihn heiraten würde. Sie waren jede freie Minute zusammen, und er war sogar bei ihr eingezogen. Sie konnte nicht verstehen, warum er plötzlich erkaltete, sich von ihr distanzierte und schließlich mit ihr Schluss machte.

Als ich Theas Geschichte hörte, erkannte ich, dass all ihre Beziehungen nach demselben Muster verliefen: Sie traf einen Mann, er verliebte sich wahnsinnig in sie und sie sich in ihn. Wenn sie sich dann ihrem Traum von einer Familie näherte, wurde sie ängstlich und bedürftig und die Beziehung ging bald zu Ende. An diesem Punkt war sie so darauf konzentriert, »den Vertrag abzuschließen«, dass die Beziehung auch für sie nicht länger befriedigend war. In ihrer fünfundzwanzigjährigen Beziehungsgeschichte zeigte sie in jeder Beziehung immer das gleiche Verhalten.

Ihre Eltern, die seit mehr als zwanzig Jahren zusammen waren, konnten nicht verstehen, warum ihre schöne und talentierte Tochter allein war. Thea hatte eine Kindheit wie im Bilderbuch gehabt. Es gab jedoch zwei auffällige

Elemente in ihrer Geschichte: Sie war die Jüngste, die mit den beiden älteren Geschwistern um Aufmerksamkeit rang. Außerdem war sie ein ängstliches Kind. Sobald sie in einer Beziehung war, überkamen sie zu irgendeinem Zeitpunkt Zweifel, und ihre Ängste nahmen überhand.

Anstatt ihr Verhalten zu überdenken und sich ihren Ängsten zu stellen, wiederholte Thea einfach das Muster ihres Liebesdramas mit jedem neuen Partner. Da sie weiterhin Liebhaber fand, erreichte ihre Situation nie den vollen Krisenzustand, der sie dazu gezwungen hätte, ihr Muster zu untersuchen. Der beträchtliche Schmerz, den sie in ihrem Liebesleben erlebte, reichte nicht aus, um einen Wandel herbeizuführen. Sie blieb in der Stagnation und pendelte zwischen Hoffnung und Niedergeschlagenheit hin und her.

Eine Bindung ist in Ordnung, solange Sie sich davon lösen können

Wenn ich davon spreche, dass jeder Menschen in der Lage sein sollte, bereitwillig loszulassen, will ich nicht damit sagen, dass Sie gegenüber dem, was Sie haben, eine stoische Gleichgültigkeit an den Tag legen sollen. Im Gegenteil: Sie müssen zuerst an etwas gebunden sein, um es loszulassen.

Alle Religionen lehren, dass es wichtig ist, nicht allzu sehr in den weltlichen Dingen verhaftet zu sein, ob es dabei um unsere Besitztümer geht, unsere Hoffnungen oder auch unsere Mitmenschen. Es ist wichtig, leidenschaftlich mit dem verbunden zu sein, was im Moment gerade geschieht – aber es ist gleichermaßen wichtig, anzuerkennen, wenn sich eine Situation verändert, Sie sich verändert haben oder auch der geliebte Mensch, vertraute Strukturen, Beziehungen und Lebenssituationen.

Loslassen, während Sie das behalten, was Sie wahrhaftig brauchen – *das* ist die Herausforderung. Woher wissen Sie, dass es an der Zeit ist, loszulassen? Manchmal gestaltet sich die Frage noch schwieriger, wenn Sie wissen, dass es an der Zeit ist loszulassen, Sie aber nicht wissen, *was* Sie loslassen sollen!

Der große Zyklus des Selbst

Wir stellen uns vor, dass eine Reise einen Anfang und ein Ende hat. In Wirklichkeit sind Reisen mit Kreisen vergleichbar, die Schnittstellen mit anderen Kreisen haben, welche gewissermaßen die Tür zum nächsten Zyklus bilden. In jedem Augenblick endet und beginnt etwas. Das Leben selbst ist ein Kreis ohne Anfang und Ende. Verlust und Krise sind unvermeidliche Bestandteile des Lebensflusses.

Das Erschaffen eines neuen Selbst sollte mehr als einfach ein »Wiedererfinden« Ihrer selbst sein. Damit eine vollständige Wiedergeburt stattfinden kann, muss ein Mensch eine Krise auf allen Ebenen erleben: emotional und körperlich – sowohl in seiner Umgebung als auch in seinem Körper – und insbesondere eine Vertrauenskrise.

Es ist Ihr Geburtsrecht, Ihr Selbst neu zu erschaffen. Damit Ihr neues, strahlendes Selbst auftauchen kann, müssen Sie einen Verlust erleiden und ihn betrauern, aber auch die Türen sehen, die der Verlust für Sie öffnet. Wenn Sie akzeptieren, dass der Verlust unvermeidlich ist, befreien Sie Ihr verborgenes Selbst.

Das Leben ist voller Verluste. Alles, was wir sind, alles, was wir wissen, verändert sich so regelmäßig wie die Jahreszeiten. Einige Verluste sind vorhersagbar – dazu gehören die Veränderungen, die mit dem organischen Wachstum einhergehen. Zu anderen Zeitpunkten wird uns das Leben, so wie wir es kennen, entrissen. Der Ehepartner stirbt, wir werden Opfer eines Verbrechens, werden krank oder verlieren unseren Lebensunterhalt.

Sie versuchen sich festzuklammern, aber das Leben hat Ihnen gesagt, dass Ihr altes Selbst bereit ist weiterzugehen, um Platz für Ihr neues Selbst zu schaffen. Entweder begrüßen wir den Verlust und leben in der Fülle, oder wir verleugnen ihn und leisten Widerstand, wobei wir uns dazu verdammen, bis in alle Ewigkeit zu trauern.

Kehren Sie immer wieder zur Frage nach dem Selbst zurück

Das Gewahrsein ist eine mächtige Kraft des Wandels. Ihr Fokus hat sich bereits auf subtile Art und Weise von der Krise hin zu einem neuen, mächtigeren Weg des Seins verschoben. Ihre Selbstwahrnehmung hat sich bereits auf positive Art und Weise verändert. Während Sie dieses Buch durcharbeiten, wird sie sich weiterentwickeln und über sich selbst hinauswachsen. Sobald Sie sich inspiriert fühlen, sollten Sie sich von Zeit zu Zeit erneut die grundlegendste aller Fragen stellen: *Wer bin ich?*

KAPITEL 4

Wie reagieren Sie auf Veränderungen?

Die Art, wie Sie auf eine Veränderung in Ihrem Leben reagieren, ist genauso wichtig wie die Art der Veränderung. Wenn die Zeit gekommen ist, dass Sie das Gefühl haben, eine Veränderung in Ihrem Leben vornehmen zu müssen, hat die Veränderung *bereits* stattgefunden! Was noch nicht stattgefunden hat, ist Ihre *Antwort* auf die Veränderung.

Die Veränderung an sich ist nicht schwer; die Schwierigkeit besteht in der Anerkennung und Akzeptanz der Veränderung, die in Ihrem Leben bereits stattgefunden hat.

Die Veränderung kann ein effektives Werkzeug sein, das Sie auf die nächste Stufe der Freude, Produktivität, Kreativität oder des Erfolges befördert. Die Veränderung kann Sie aber auch betäuben, sodass Sie untätig werden, destruktiv reagieren oder den Kern Ihres Glaubens an die Welt und an sich selbst verletzen. Entscheidend ist also nicht die Art der Veränderung, die Ihnen widerfährt, sondern wie Sie diese wahrnehmen und darauf reagieren.

Es gibt viele Möglichkeiten, sich an Veränderungen anzupassen. Einige von ihnen haben eine nährende Wirkung, während andere Ihnen schaden. Viele Menschen haben sich bereits in ihrer Kindheit angepasst, indem sie sich dem Leben entzogen haben – um nicht von der Schlechtigkeit der Welt und den Beziehungen um sie herum in Mitleidenschaft gezogen zu werden. Diese Menschen ziehen sich zurück, um nicht auf das Leben zu reagieren. Aber so werden sie einsam, isoliert und können in vielen Lebensbereichen nicht effektiv handeln.

Damit Sie in Ihrem Leben wirkungsvoll agieren können, müssen Sie in der Lage sein, sich von Ereignissen berühren zu lassen, sich zu verändern und durch Ihre Erfahrungen zu wachsen, anstatt zu entgleisen. Menschen, die sich auf natürliche Art und Weise der Veränderung anpassen, sind fähig, Verluste zu erleben und besitzen trotzdem die Intuition und das Denken, die es ihnen ermöglichen, aus dem Nichts heraus etwas zu erschaffen.

Solche Menschen sind offen für die Veränderungen in ihrem Leben. Sie lassen diese Veränderungen jedoch nicht bestimmen, wer sie sind und wer sie werden wollen. Sie selbst geben die Richtung an und sind in der Lage, auf eine gesunde und innovative Weise auf ihre Umgebung zu reagieren. Wir erkennen diese Menschen an ihrer Wärme, Phantasie und Integrität. Alle zehn Jahre scheinen sie sich und ihr Leben neu zu erfinden. Sie haben keine Angst vor Krisen, weil sie ihre Träume leben und erkennen, dass jegliche Schwierigkeiten, die sie erleben, zu einem erfolgreichen Neubeginn führen.

Wir alle leisten auf unsere eigene Art dem Leben gegenüber Widerstand. Egal, wie authentisch Ihr Leben ist – manchmal werden Sie sich gegen eine Veränderung sträuben. Wie sieht Ihre Art des Widerstands aus? Genauso wie Sie habe auch ich meine gewohnheitsmäßige Art, mich zu widersetzen. Manche Menschen reagieren auf eine Veränderung, indem sie diese verleugnen, andere werden ängstlich oder wütend, und wiederum andere sind gelähmt oder agieren hektisch und ineffektiv.

Finden Sie unbedingt heraus, wie Sie auf Veränderungen reagieren oder Widerstand leisten. Wenn Sie einmal festgestellt haben, wie Sie am ehesten auf Veränderungen reagieren und welches Ihr Widerstandstyp ist, können Sie anfangen, mögliche Fallstricke vorauszuahnen und zu *vermeiden*.

Um mit der Veränderung effektiv umgehen zu können, müssen Sie einen vorher festgelegten, ritualartigen Prozess durchlaufen. Wenn Sie den Prozess Schritt für Schritt strukturiert haben, so wie ich es in diesem Buch gemacht habe, können Sie Ihre Widerstände überwinden, egal wie sehr Sie vielleicht versuchen, diese Veränderung zu vermeiden.

Meine Schwester liebt es zu sagen, dass wir alle unseren eigenen Mount Everest zu besteigen haben, denn für jeden von uns ist er ein anderer Berg. Wenn die Krise zuschlägt, bricht jeder Mensch in seiner persönlichen Schwäche ein und wird von deren Schmerzmuster verfolgt.

Eine Krise bringt unsere konditionierten Reaktionen in verstärktem Maße ans Licht. Wenn Sie zur Panik neigen, werden Sie von Angst zerfressen. Wenn Sie eher wütend werden, entsteht durch Ihre Wut eine Entfremdung. Es ist wichtig zu wissen, wie Sie auf Krisen reagieren, damit Sie gezielt für sich sorgen können. In einem solchen Moment haben Sie keine zusätzlichen Reserven, um sich eigene Fehler zu erlauben oder die Sicherheit der Welt, die Sie umgibt, aufs Spiel zu setzen.

Wenn Sie wissen, zu welchem Typ Sie gehören, hilft Ihnen das, auf dem Weg zur Kraft zu bleiben.

Übung: Kofferpacken

Dies ist ein klassisches Kinderspiel, um das Gedächtnis zu trainieren. Auch Erwachsene können es spielen – es geht folgendermaßen: Der erste Spieler beendet den folgenden Satz: »Ich packe den Koffer meiner Großmutter. Ich packe ... ein.«

Der erste Spieler könnte beispielsweise sagen: »Ich packe den Koffer meiner Großmutter. Ich packe *einen Apfel* ein.« Der nächste Spieler wiederholt den Satz und fügt einen weiteren Gegenstand hinzu, wie zum Beispiel »Ich packe den Koffer meiner Großmutter. Ich packe einen Apfel und einen Bären ein.« Und so weiter.

Wenn die Liste der Gegenstände länger wird, wird das Aufzählen für die Spieler immer schwieriger. Der Erste, der etwas vergisst, verliert das Spiel und die Runde beginnt von neuem.

Wir spielen jetzt unsere Variation dieses Klassikers. Packen Sie Ihren Koffer – was wollen Sie mit in Ihr neues Leben nehmen?

Wenn Sie sich darüber im Klaren sind, was Sie besitzen, stellen Sie vielleicht fest, dass viele Gegenstände, die Ihr Koffer enthält, durch jemand anderen oder durch

Situationen hinzugekommen sind, die es nicht mehr gibt. Wollen Sie wirklich das große Haus einpacken, das Ihr ganzes Geld frisst, jetzt, da Ihre Kinder nicht mehr zu Hause wohnen? Packen Sie die Tatsache ein, dass Sie als Einzige oder Einziger das Geld verdienen, immer eine gute Freundin sind oder für alle die Probleme lösen? Sie können Dinge, Menschen, Situationen oder Arten des Seins einpacken.

Sie dürfen nur Dinge einpacken, die Sie tatsächlich haben. Sie können nichts einpacken, was Sie verloren haben. Wenn Sie dieses Buch durcharbeiten, können Sie weitere Dinge einpacken. Gehen Sie Ihren Koffer regelmäßig durch und prüfen Sie, ob Sie etwas herausnehmen können oder ob Sie sich im Laufe des Veränderungsprozesses etwas Neues angeeignet haben, das Sie mitnehmen wollen.

Machen Sie diese Übung möglichst schriftlich und immer wieder ganz von vorne, wenn Sie Dinge aus Ihrem Leben aussortieren möchten. Dieses Übungsritual hilft Ihnen intellektuell und unterbewusst, Ihre Ressourcen, die Ihnen augenblicklich zur Verfügung stehen, zu erkennen und effektiv zu nutzen.

Es gibt vier grundlegende Reaktionsweisen auf dramatische Veränderungen in unserem Leben. Das folgende Quiz hilft Ihnen, Ihren Reaktionstyp zu erkennen. Wenn Sie einmal herausgefunden haben, wie Sie typischerweise auf Veränderungen reagieren, können Sie meine Vorschläge nutzen, um jeden Typ in den Griff zu bekommen.

Nehmen Sie sich Zeit und seien Sie ehrlich. Vielleicht ist es hilfreich, wenn Sie einen guten Freund bitten, Ihnen zu sagen, wie er als Außenstehender Sie sieht – insbesondere wenn Sie ein Verleugnungstyp sind!

Wie reagieren Sie auf Veränderungen?

Kreuzen Sie die nachfolgenden Aussagen an, die auf Sie zutreffen. Möglicherweise besitzen Sie Eigenschaften von mehreren Typen – Sie werden sich jedoch mit einem Hauptgefühlsmuster und Verhaltensmuster identifizieren.

Depression

- Fällt es Ihnen schwer, sich an Dingen zu erfreuen, die Ihnen einmal Spaß gemacht haben?
- Isolieren Sie sich?
- Denken Sie wiederholt über Ihre Probleme und Schwierigkeiten nach?
- Fühlen Sie sich ungewöhnlich müde? Fällt es Ihnen schwer, gewöhnliche Alltagsroutinen zu erfüllen?
- Achten Sie kaum noch auf Ihr Äußeres?
- Weinen Sie häufig und unkontrolliert?
- Wünschen Sie sich, dass die Welt einfach verschwindet?

Angst

- Sind Sie ungewöhnlich vergesslich?
- Handeln Sie hektisch, impulsiv und ineffektiv?
- Haben Sie das Gefühl, dass die Dinge einfach nicht warten können?
- Wiederholen Sie sich oft?
- Haben Sie Schlafprobleme oder wachen Sie mitten in der Nacht auf?

- Haben Sie ein unersättliches Bedürfnis danach, nochmals bestätigt zu werden?
- Hat sich Ihr Essverhalten stark verändert? Essen Sie zu viel oder zu wenig?
- Haben Sie das Gefühl, aus der Haut fahren zu wollen?

Wut

- Für Frauen: Haben Sie das Gefühl, ständig unter PMS zu leiden? Für Männer: Müssen Sie sich häufig bremsen, mit körperlicher Gewalt auf andere zu reagieren?
- Können Sie bissig reagieren oder vor anderen sogar in die Luft gehen?
- Werden Sie im Straßenverkehr sofort aggressiv?
- Haben Sie das Bedürfnis, auf jeden Ärger zu reagieren?
- Haben Sie Rachegefühle oder andere Gewaltphantasien?
- Verletzen Sie sich oder andere?
- Haben Sie das Gefühl, dass Sie von allen im Leben im Stich gelassen werden?

Verleugnung

- Sind Sie Supermann oder Superfrau im Beruf oder zu Hause?
- Blockieren Sie die Versuche anderer, Ihnen Hilfe oder Zuneigung zukommen zu lassen?
- Kontrollieren Sie Ihre Emotionen und verlieren nur selten die Geduld – weinen oder schreien Sie nie?
- Erlauben Sie sich keine Gedanken an eine Krise?
- Gehen Sie sich selbst aus dem Weg, damit die anderen nicht sehen können, dass Sie verletzlich sind?

- Fühlen Sie sich von jeglicher Kreativität wie Malen, Schreiben, Singen oder eigenen Phantasien abgeschnitten?
- Vermeiden Sie Menschen, die Ihre Situation anders sehen als Sie selbst, vor allem alte Freunde?

Wie ich bereits gesagt habe, finden Sie bei sich vielleicht Aspekte aller vier Typen, aber ein Typus sollte überwiegen. Wahrscheinlich haben Sie eine »Reflex-Reaktion« – das ist die allererste Reaktion, in die Sie verfallen, wenn Sie mit überwältigendem Stress zu tun haben. Auch unter Stress werden Sie sehr wahrscheinlich zuerst in Ihren ersten Reaktionstyp verfallen, aber es ist auch möglich, dass Sie nach und nach alle vier Reaktionstypen leben.

Nun haben Sie festgestellt, wie Sie auf Veränderungen und Krisen reagieren. Wenn Sie die folgenden Empfehlungen regelmäßig praktizieren, können Sie einer Krise ihre zerrüttende Energie nehmen. Anschließend kann die Energie dann auf das ausgerichtet werden, was Sie als nächstes in Ihrem Leben tun wollen.

Den depressiv reagierenden Menschen verstehen lernen

Der Depressive fühlt sich oft so hilflos wie ein Kind. Alle Anstrengungen dieses Kindes konnten die Schwierigkeiten in ihrer oder seiner Umgebung nicht verändern. Und was noch schlimmer ist: Dieses Kind besaß die Tiefe, sich dieser Sinnlosigkeit bewusst zu sein.

Wenn Sie depressiv reagieren, ist es sehr wahrscheinlich, dass Ihre Kräfte Sie verlassen, wenn Sie eigentlich handeln sollten. Damit bleiben Sie unfähig, auf die Erfordernisse des Lebens zu reagieren. Wahrscheinlich hat Ihnen jemand dieses Buch gegeben. Sie wünschen sich, davon eine Tonaufnahme zu haben, weil Sie nicht sonderlich daran interessiert sind, irgendetwas darüber zu lesen, was ich zu sagen habe. Sie haben nicht den Eindruck, dass Ihre Anstrengungen zu etwas führen könnten. Selbst wenn es so wäre, wären Sie nicht in der Lage, die Energie dafür aufzubringen. Wahrscheinlich haben Sie Probleme, sich ein glückliches Leben vorzustellen. Nichts, nicht einmal Ihre eigene Zukunft interessiert Sie mehr besonders.

Genau jetzt müssen Sie winzige Bewegungen in Richtung Selbstversorgung machen. Setzen Sie nicht alle meine Vorschläge auf einmal um. Sie sind da, wo Sie gerade sind. Setzen Sie die Vorschläge um, die für Sie am einfachsten sind und probieren Sie diese aus.

Stellen Sie das Telefon neben das Sofa und rufen Sie irgendjemanden an, den Sie kennen und der Sie jetzt irgendwie unterstützen kann. Es ist anfangs sogar noch besser, wenn Sie einen Freund oder eine Freundin diese Anrufe machen lassen. Die Unterstützung kann unter anderem darin bestehen, dass man Ihnen Essen bringt, bei der Arbeit hilft, Ihre Post und Abrechnungen erledigt, Informationen sammelt, die Ihnen in Ihrer aktuellen Situation weiterhelfen und vieles andere mehr.

Ihre Aufgabe besteht darin, es sich behaglicher zu machen. Sie müssen sich darauf konzentrieren, was Sie jetzt tun können. Wandern Sie weder in der Vergangenheit noch in der Zukunft umher. Im Moment sind Sie nicht objektiv genug, um dabei eine angenehme Erfahrung zu machen. Wenn Sie depressiv sind, benötigt Ihr Körper ausreichend Schlaf, Ruhe und Nahrung. Halten Sie sich an eine Tagesroutine, die Ihnen guttut. Gehen Sie zur Arbeit, nehmen Sie Ihre Mahlzeiten ein und halten Sie positive Gewohnheiten und Aktivitäten aufrecht. Selbst einige Körperübungen oder vielleicht ein Tänzchen zu einem Lied im Radio können dabei helfen, Sie aus einem depressiven Zustand herauszuholen. Wenn Sie Ihre Umgebung verändern, können Sie sofort aus einem Depressionsmuster ausbrechen. Fahren Sie in den Urlaub, lassen Sie sich massieren oder treffen Sie einen Freund oder eine Freundin, die Sie zum Lachen bringt.

Vielleicht denken Sie, dass Sie nun einmal so sind, wie Sie sind und es Ihnen ewig so gehen wird, egal was Sie tun. Dann hören Sie die Stimme der Verzweiflung. Die Depression definiert Sie nicht. Die Stimme der Depression klingt oft recht vernünftig. Sie kann Ihnen sagen, dass Sie jetzt zum ersten Mal die Realität sehen. Indem Sie die Symptome der Depression behandeln, können Sie sich auf Ihr neues Leben zubewegen.

Wenn Sie ein depressiver Reaktionstyp sind, ist Ihr Geschenk die Tiefe. Wenn Sie Ihre Depression auflösen, wird Ihnen Ihre Tiefe erhalten bleiben.

Den ängstlich reagierenden Menschen verstehen lernen

Der ängstlich reagierende Mensch fühlte sich als Kind überfordert. Zu viel passierte, auf das dieses Kind reagieren musste, und es musste Aufgaben übernehmen, für die es eigentlich zu jung war.

Wenn Sie zum ängstlichen Reaktionstyp gehören, fällt

es Ihnen wahrscheinlich schwer, sich auf diese Zeilen zu konzentrieren. Sie sind körperlich und psychisch bereit für den nächsten Schlag. Das Essen fällt Ihnen schwer, möglicherweise haben Sie auch Essstörungen. Sie sind vielleicht sehr impulsiv: Sie sagen Dinge, ohne darüber nachzudenken, kaufen etwas, das Sie eigentlich nicht benötigen, oder sind ängstlich und weigern sich, Dinge zu kaufen, die Sie wirklich brauchen. Vielleicht telefonieren Sie mitten in der Nacht und suchen jemanden, der Sie versteht oder Ihnen hilft, aktiv zu werden. Ihr Körper ist vielleicht sehr angespannt, deshalb fühlen Sie sich unwohl, selbst beim Schlafen. Sie können nicht aufhören nachzudenken, aber Ihre Gedanken bringen weder eine Lösung noch Erleichterung. Möglicherweise haben Sie einen schnellen Puls, wenn Sie ins Bett gehen oder morgens aufwachen. Vielleicht sind Sie schlecht organisiert und erleben ein mentales Blackout in Situationen, die für Sie zuvor selbstverständlich waren.

Ihre Aufgabe besteht darin, Dinge zu tun, die Ihre Angst jeden Tag ein bisschen kleiner werden lässt. Wählen Sie Aufgaben, die Sie erfüllen: Spielen Sie mit Ihrem Kind, genießen Sie den Sex mit dem Partner, machen Sie einen Spaziergang oder nehmen Sie an einer Aerobicstunde teil. Wenn Sie Lust auf eine Massage haben, wählen Sie eine Tiefenmassage, in der die Verspannungen bearbeitet werden, die zu Ihrer Angst geführt haben. Vereinfachen Sie Ihre Tagesroutine oder machen Sie eine Checkliste, damit Sie Ihren Tagesablauf verfolgen können. Hängen Sie Zettel auf, die Sie daran erinnern, tief und voll zu atmen. Singen und kreischen Sie laut zu Ihrem Lieblingslied, bis Sie erschöpft sind. Wenn Sie bemerken, dass sich Ihr Körper verspannt und Ihre Gedanken kreisen, unterbrechen

Sie diesen Prozess, indem Sie sich auf eine Aktivität konzentrieren. Finden Sie heraus, in welchen Bereichen Sie sich in einer Tätigkeit verlieren können. Lesen Sie etwas. Hängen Sie entspannt vor dem Fernseher. Gehen Sie mit Ihren Freunden Fahrrad fahren.

Es ist nicht der Zeitpunkt, um die Dinge zu überdenken. Sie neigen dazu, sich die schrecklichsten Szenarien auszumalen, stellen sich die schlimmste Katastrophe vor, und all das treibt Ihre Angst natürlich noch auf die Spitze. Vermeiden Sie Kaffee, Tee und andere Genussmittel. Nehmen Sie Ihre Mahlzeiten regelmäßig ein. Lassen Sie nicht zu, dass die Angst Sie lähmt, Sie nicht mehr handeln können und in Panik geraten. Wenn Sie impulsiv handeln möchten, betrachten Sie die Angelegenheit aus der Perspektive der anderen Person. Möchten Sie gerne um Mitternacht geweckt oder innerhalb von zwei Stunden fünf Mal an etwas erinnert werden? Im Gegensatz zu einem depressiven Menschen besitzen Sie zu viel Energie, die ein Ventil finden muss. Stürzen Sie sich in die Arbeit, treiben Sie Sport, seien Sie kreativ. Wenn Sie zuwenig mit sich anfangen, erhöht das Ihre Angst. Lenken Sie diese Angstenergie auf etwas Befriedigendes und Produktives. Dies könnte Ihre Gelegenheit sein, jedes Zimmer in Ihrem Haus neu zu streichen. Wenn Sie mit Ihrer Angst umgehen können, erkennen Sie, dass Sie etwas scheinbar Unüberwindliches nun viel leichter in den Griff bekommen.

Wenn Sie zum ängstlichen Reaktionstyp gehören, ist Ihr Geschenk die Bewusstheit. Wenn Sie Ihre Angst bewältigt haben, bleiben Ihnen Ihre scharfe Wahrnehmung und Einsicht erhalten.

Den in Wut geratenen Menschen
verstehen lernen

Der wütende Mensch hat sich als Kind ohnmächtig gefühlt. Dieses Kind wurde oft grob behandelt, und sein Schutzbedürfnis wurde ihm verweigert. Die Gefühle und Ereignisse in den kindlichen Entwicklungsjahren haben es irgendwie überfordert.

Wenn Sie mit Wut reagieren, regen Sie sich bis zum Ende dieses Abschnitts mindestens über eine meiner Aussagen auf. Wenn Sie Ihre Wut zum Ausdruck bringen, wird sie dadurch *nicht* besser. Wut nährt Wut, und wenn Sie Ihre Wut herauslassen, während Sie noch in Rage sind, nähren Sie diese sowohl auf der biochemischen als auch auf der intellektuellen Ebene. Wenn Sie ein Zorntyp sind, sollten Sie die Bestie besänftigen und sie nicht weiter reizen.

Wut kann Ihre Beziehungen komplizierter machen und dazu führen, dass Sie sich den Menschen entfremden, die Ihnen eigentlich helfen wollen, und zwar zu einem Zeitpunkt, an dem Sie diese am meisten brauchen.

Finden Sie ein akzeptables Ventil für die Wut. Probieren Sie es mit Sport, Schreiben oder Kissenschlagen. Identifizieren Sie Ihre Wutauslöser und lernen Sie, anders zu reagieren. Wenn Sie von bestimmten Menschen angerufen werden, die Sie wütend machen, dann sprechen Sie nicht mehr mit ihnen. Wenn Sie auf dem Weg zur Arbeit an der Wohnung vorbeilaufen, die Sie mit Ihrem Exmann geteilt haben, wählen Sie eine andere Route.

Lassen Sie nicht zu, dass sich Ihre Wut aufstaut. Lassen Sie die Wut so entweichen, dass sie weder Sie noch andere Menschen verletzt. Wenn Sie das Gefühl haben, explodieren zu müssen, ziehen Sie sich aus der Situation zurück. Lernen Sie die frühen Hinweise auf Ihre Wut zu erkennen, damit Sie den Prozess unterbrechen können, bevor Sie Ihrer Wut ausgeliefert sind. Fluchen Sie in der Dusche; malen Sie Bilder; joggen Sie fünf Kilometer. Nutzen Sie Ihre Phantasie, um Situationen zu erfinden, die Ihre Wut aufwallen lassen – verändern Sie jedoch im Geiste Ihre gewohnheitsmäßigen Reaktionen und das vorhersagbare Ende. Entwickeln Sie in Ihrer Phantasie positive Lösungen.

Hören Sie damit auf, jemanden zu beschuldigen. Geben Sie vor, dass es ganz allein Ihre Schuld ist und dass Sie es nur besser machen können. Nutzen Sie Ihre Kreativität wie nie zuvor, ob in der Kunst, beim Tanzen oder beim Kochen. Diese Ventile dienen Ihnen als Werkzeug, um Ihre Gefühle auf eine effektive und heilende Weise auszudrücken.

Wenn Sie zum Zorntyp gehören, ist Ihr Geschenk die Leidenschaft. Wenn Sie Ihre Energie nicht für Ihre Wut verbrauchen, wird Ihnen Ihre Leidenschaft für das Leben erhalten bleiben.

Den mit Verleugnung reagierenden Menschen verstehen lernen

Das Kind, das mit Verleugnung reagierte, musste zu viele Informationen oder Störungen verarbeiten, die es nicht verstehen konnte. Es fand Wege, um durch Aktivität zu entkommen und die Dinge in der Welt zu meistern, die es meistern konnte.

Wenn Sie vom Reaktionstyp her die Dinge verleugnen, lesen Sie dieses Buch wahrscheinlich, um jemand anderem zu helfen. Bei Ihnen selbst ist alles in Ordnung, auch wenn Sie vielleicht nicht die Dinge haben, die für andere Menschen essenziell sind (eine Beziehung, Freizeit, Vergnügen) – richtig? Sie haben Ihre Gefühle und Reaktionen so stark unter Kontrolle, dass Sie nicht mehr wissen, welche es sind. Sie haben den Eindruck, keine intime Beziehung oder Kommunikation im Leben zu haben, aber Sie haben auch zu viel zu tun, als dass Sie darüber nachdenken könnten.

Sie wissen, dass Sie zum Verleugnungstyp gehören, wenn in Ihrem Leben etwas passiert ist, das die meisten Menschen umgehauen hätte, Sie jedoch nicht einmal beeindruckt hat. Sie denken aber nicht weiter darüber nach oder betrauern den Verlust – Sie gehen einfach weiter. Es mag großartig sein, wenn Sie den Krisenschmerz nicht spüren, aber um weitergehen zu können, müssen Sie Menschen, Erfahrungen und selbst Ihre eigenen Gefühle so sehr auf Distanz halten, dass Ihre Welt sehr einsam wird.

Ihre Aufgabe besteht darin, Ihre persönlichen Gefühle zu empfinden, Ihre Erfahrungen schrittweise anzuerkennen und sich dabei sicher zu fühlen. Sorgen Sie dafür, dass Sie während Ihres Tagesablaufes immer wieder einmal Zeit haben, um einen Blick auf Ihre Gefühle zu werfen. Weinen Sie bei einem Film; hören Sie ein Lied, das Sie an Ihren Verlust erinnert; arbeiten Sie daran, Ihre emotionale Bandbreite zu erweitern, indem Sie sich mit Menschen umgeben, die einen Ihrer emotionalen Anteile ans Licht bringen, den Sie normalerweise nicht wahrnehmen. (Welche Menschen könnten das sein? Wahrscheinlich sind es genau die Menschen, die Sie seit einiger Zeit vermeiden.)

Halten Sie Ausschau nach dem Kind in Ihnen, das nicht in der Lage war, etwas abzulehnen. Hören Sie darauf, was es braucht und was es zu sagen hat. Hören Sie anderen Menschen zu, die die gleiche Art von Krise oder Schmerz erlebt haben. Wenn Sie den Schmerz spüren, müssen Sie wissen, dass er nicht ewig andauert. Der Schmerz, den Sie nicht empfinden, blockiert jedoch gleichzeitig zahlreiche andere erfüllende und freudige Emotionen. Wenn Sie spüren können, wer Sie sind, werden Sie sich in sich selbst verlieben.

Wenn Ihr Reaktionstyp der Verleugner ist, ist Ihr Geschenk die Kompetenz. Wenn Sie sich einmal durch das Verleugnen hindurchgearbeitet haben, wird Ihnen die Kompetenz erhalten bleiben.

Wenn Sie Ihren Reaktionstyp in den Griff bekommen, machen Sie einen riesigen Schritt und sind in der Lage, immer mehr Situationen zu meistern. Ihr Reaktionstyp entstammt einem lebenslangen Muster. Sollte eines dieser Muster weiter anhalten, ist es hilfreich, einen Arzt oder einen anderen Experten auf diesem Gebiet zu Rate zu ziehen.

Viele Menschen stehen Medikamenten sehr kritisch gegenüber. Allerdings sind einige unserer Reaktionstypen biologisch begründet – es handelt sich um genetische Muster, nach denen unser Gehirn funktioniert, vor allem unter Stress. Manchmal können Medikamente Sie dabei unterstützen, das Muster zu brechen, und Ihnen helfen, die Herausforderungen anzugehen, mit denen Sie konfrontiert sind.

Ich habe Ihnen Verhaltensmöglichkeiten in die Hand gegeben, die für Sie hilfreich sein dürften. Wenn Sie diese regelmäßig befolgen, können sich Ihre Gehirn- und Körperreaktionen bei Stress neu strukturieren. Wie immer im Leben wird Ihnen die Unterstützung durch Ihre Familie, Freunde und Ihre Umgebung helfen, die notwendigen Veränderungen vorzunehmen, um den nächsten Schritt in Ihrer persönlichen Entwicklung zu tun.

Wenn Sie mit Ihrem Reaktionstypus einmal umgehen können, haben Sie eine beachtliche Meisterschaft über sich selbst erlangt.

- Wenn Sie zum Angsttyp gehören, werden Sie wissen, dass Sie Ihren Typ im Griff haben, sobald Sie Phasen des Verleugnens erleben können. Das Verleugnen ermöglicht es den Angsttypen, sich zu organisieren und mit der Situation umzugehen.
- Wenn Sie zum Zorntyp gehören, wissen Sie, dass Sie Ihren Typ im Griff haben, sobald Sie Phasen der Depression erleben. Die Depression ermöglicht es dem Zorntyp, nicht mehr impulsiv zu reagieren und die Situation auf eine tiefgehendere Weise zu verarbeiten.
- Wenn Sie zum Verleugnungstyp gehören, wissen Sie, dass Sie Ihren Typ im Griff haben, wenn Sie Ängste erleben können. Angst zwingt den Verleugnungstyp dazu, die Gefühle und Konflikte der Situation zu konfrontieren. Damit verfügt er über eine bessere Entscheidungskraft und hat Gelegenheit zur Integration.
- Wenn Sie zum Depressionstyp gehören, wissen Sie, dass Sie Ihren Typ im Griff haben, wenn Sie wütend werden. Der Ärger ermöglicht es dem Depressionstypen, seine Energie zu mobilisieren und anstatt nach innen nach außen zu bringen.

Wenn Sie sich gegen die Vorwärtsbewegung der Heilung sträuben – denn es existiert eine starke Tendenz, den eigenen Typ beizubehalten – erleben Sie vielleicht die folgenden Reaktionen:

- Angsttypen kämpfen gegen die Hoffnungslosigkeit der Depression.
- Verleugnungstypen kämpfen gegen den Schmerz der Wut.
- Zorntypen kämpfen gegen die Hilflosigkeit der Angst.
- Depressionstypen kämpfen gegen die Anforderungen des Verleugnens.

Ihr eigener Typ sorgt dafür, dass Sie einsam und isoliert bleiben und stagnieren. Während Sie Ihren Typ meistern, sollten Sie ihm Zeit geben, seine wunderbaren Heilkräfte zu zeigen.

Die Zeit verringert die Wucht des Krisenbeginns. Die Zeit gibt Ihnen die Gelegenheit, verschiedene Optionen zu erforschen. Die Zeit erlaubt der Persönlichkeit, sich an neue Umstände anzupassen. Die Zeit ermöglicht es Ihnen, Ihre Handlungen und Entscheidungen an die neuen Umstände anzupassen. Die Zeit erlaubt es Ihnen, neue und angemessene Träume, Wünsche und Ziele zu entwickeln. Und schließlich erlaubt sie es Ihnen, Ihre Welt aus einer neuen Perspektive zu betrachten und neue Gelegenheiten aufzutun.

Wenn Sie ein Angsttyp sind und die Zeit nicht für Sie arbeitet, hören Sie damit auf, sich einzumischen und zu kontrollieren und lassen Sie die Zeit wirken. Wenn Sie ein Zorntyp sind und die Zeit nicht für Sie arbeitet, hören Sie damit auf, an Ihren eigenen Wunden herumzupicken und lassen Sie es die Zeit wieder gutmachen. Wenn Sie ein Depressionstyp sind und die Zeit nicht für Sie arbeitet, liegt das daran, dass Sie in Ihrem Nichtstun und Rückzug so verloren sind, dass Sie die Gelegenheiten nicht wahrnehmen können, die Ihnen die Zeit zeigt. Vielleicht erkennen Sie auch nicht die Evolution Ihres Selbst, die im Laufe der Zeit möglich ist. Wenn Sie ein Verleugnungstyp sind und die Vorzüge der Zeit verpassen, liegt das daran, dass Sie sich Ihren Wahlmöglichkeiten verweigern, weil Sie den Wandel nicht anerkennen. Deshalb verpassen Sie die Möglichkeiten, die sich ergeben.

- Wenn Sie ein Verleugnungstyp sind, können Sie möglicherweise häufig nicht sehen, dass sich eine Krise anbahnt.
- Wenn Sie ein Zorntyp sind, sind die meisten Ihrer Krisen wahrscheinlich hausgemacht, weil Sie durch Ihre Wut die Situation aus dem Gleichgewicht bringen.
- Wenn Sie ein Angsttyp sind, sind Sie zu sehr mit Problemen beschäftigt, die nicht wirklich existieren oder die bedeutungslos sind, als dass die tatsächlichen Ereignisse in Ihrem Leben die Dimension einer Krise annehmen können.
- Wenn Sie ein Depressionstyp sind, lassen Sie wahrscheinlich Ihre Probleme anwachsen und handeln unangemessen, selbst wenn Sie wissen, was zu tun ist. Dadurch können die Situationen wirklich an einen Krisenpunkt geraten.

Sie haben die Wahl; Depressionstypen können ihr tiefes Verstehen auf die Menschen und Situationen in ihrer Umgebung ausrichten und sie um Unterstützung bitten.

Verleugnungstypen können effizient und effektiv mit der tatsächlichen Situation umgehen, wenn sie es zulassen, diese zu sehen. Angsttypen können ihre Unterscheidungskraft einsetzen, um zu wählen, auf was sie sich konzentrieren und wann sie handeln wollen. Zorntypen können ihre Leidenschaft einsetzen, um neue Arten des Seins zu erschaffen und sich dafür einzusetzen.

Denken Sie daran, dass jeder Typ eine einzigartige Begabung besitzt, die ihm in seinem neuen Leben wahre Bedeutung, Freude und Erfolg bringen kann. Wenn Sie an Ihrem Typ arbeiten, wird die wichtigste Auswirkung darin bestehen, dass Sie Ihre Angelegenheiten auf effektive Weise erledigen können.

Ich werde im Laufe dieses Buches noch mehr zu den unterschiedlichen Reaktionstypen sagen, insbesondere in Kapitel 11, das davon handelt, wie man diese Reaktionstypen bei anderen Menschen erkennt, die eine Krise durchlaufen. Manchmal helfen wir anderen Menschen bei der Krisenbewältigung und können dabei erkennen, wie wir selbst mit Verlusten in unserem Leben umgehen.

KAPITEL 5

Eine vollkommen neue Welt: Wie Sie Ihre ersten Schritte machen

Akzeptieren Sie, wo Sie stehen

Je früher Sie mit Ihrer neuen Wirklichkeit umgehen, desto schneller werden Sie an einen Ort gelangen, an dem Sie kraftvoll sind und handeln können. Ihre Situation fühlt sich für Sie vielleicht nicht gut an, aber Sie müssen mit dem arbeiten, was vorhanden ist und bearbeitet werden kann. Möglicherweise erleben Sie einige positive Überraschungen. Vielleicht werden Ihre Hoffnungen – »Wenn doch nur … geschehen würde« – wahr. Im Augenblick müssen Sie jedoch der Realität ins Auge sehen.

Selbst wenn Sie direkt in Ihr altes Leben zurückgehen könnten, wäre es nicht mehr dasselbe. Sie sind anders. Menschen, die eine schöne Kindheit hatten, eine Glanzzeit an der Universität erlebten oder sich in ihrer Jugend auf ihr gutes Aussehen verlassen konnten, denken oft: »Wenn ich doch nur wieder in diese Zeit zurückkehren könnte.«

Der Mensch, der dieses Leben gelebt hat, existiert jedoch nicht mehr. Sie können nicht zurückgehen. Und wenn Sie in einer bewussten Richtung vorangehen, wollen Sie auch nicht mehr zurück.

Bewusst gelebtes Leben ist für jeden Menschen in

jeder Entwicklungsstufe ideal. Oft entsteht genau dann eine Krise, wenn Ihr Unbewusstsein und Ihre Intuition wissen, dass Sie wachsen müssen, um emotional und spirituell zu überleben, Sie aber einfach nicht damit aufhören können, an alten Lebensumständen festzuhalten.

Kritisieren Sie sich deshalb nicht. Wir sind biologisch darauf programmiert, Veränderungen zu vermeiden. Jedes Tier wird sofort wachsam, wenn sich in seiner Umgebung etwas verändert. Glücklicherweise verfügen Sie über mehr als Ihre primitiven Instinkte. Sie sind in der Lage, Ihr Leben in die Hand zu nehmen.

Sie müssen akzeptieren, wer Sie sind und wo Sie sich gerade befinden. Vielleicht ist das nicht der Ort, wo Sie gern sein möchten. Ihre größte Angst ist es möglicherweise, dass Sie die Person bleiben, die in der jetzigen Wirklichkeit gefangen ist. Erinnern Sie sich daran, dass Sie die Kraft besitzen, dorthin zu gehen, *wo immer* Sie hinwollen – selbst wenn Sie nicht wissen, wo sich dieser Ort genau befindet.

Ihre Aufgabe besteht jetzt nicht darin, allwissend zu sein. Ihre Aufgabe besteht einfach darin, einen Fuß vor den anderen zu setzen und zu gehen.

Einer der Vorteile einer echten, erschütternden Krise besteht darin, dass es schwierig wird, an einer Art des Seins festzuhalten, die es nicht mehr gibt. Krisen erreichen jedoch selten die Ausmaße einer gewaltigen Umwälzung. Wenn Ihnen Ihre Muster entrissen worden sind, müssen Sie Disziplin üben, um einen Tunnelblick und das Wiederholen nutzloser und doch verführerischer Muster zu vermeiden.

Vermeiden Sie es bewusst, nach alten Orientierungspunkten Ausschau zu halten, die Ihnen sagen, wo Sie sich befinden. Sie sind jetzt in einem neuen Land. Wenn Sie bisher ruhig gehalten und sich in Ihrem Haus verrammelt haben, dann gehen Sie von jetzt an nach draußen. Wenn Sie ständig von anderen bestätigt werden müssen, schaffen Sie sich einen Tag, an dem Sie die einzige Person sind, die Sie bestätigen kann. Wenn Sie die Dinge schlucken, bis Sie explodieren, versuchen Sie, Ihre Pulsrate einmal pro Stunde zu beschleunigen, indem Sie wie ein Hampelmann auf- und abhüpfen.

Liebe Verleugnungstypen, Sie haben einen schwierigen Weg vor sich, weil Sie sich Ihrer Muster selten bewusst sind oder erst einmal glauben, dass diese gar nicht existieren. Wenn Sie laut Testauswertung ein Verleugnungstyp sind, müssten Sie Ihr Bewusstsein ausweiten. Fangen Sie an, eine Bibliothek der Gefühle aufzubauen. Sammeln Sie etwas, das Gefühle hervorruft – Kunst, Musik, Gedichte, Fotos –, und nehmen Sie sich einmal pro Stunde eine Minute lang Zeit, um innezuhalten, zu atmen und zu *fühlen*.

Die neuen Menschen und Erfahrungen, die in Ihr Leben treten, werden, nun ja, ... neu sein. Sie werden sich wahrscheinlich nicht sofort mit den positiven Veränderungen wohlfühlen, die sich bereits vollzogen haben, seit Sie dieses Buch aufgeschlagen haben. Es gibt selten Menschen, die sich in einer neuen Situation sofort »zu Hause« fühlen.

Ich erinnere mich noch daran, als ich vor über zehn Jahren meinen jetzigen Freund traf. Ich zog all die üblichen Vergleiche zwischen ihm und meinem Exfreund. Als ich in der Liste nach unten ging, sagte ich: »Es fühlt sich so anders an. Unsere Beziehung ist nicht so, wie ich

das gewohnt bin.« Mein Freund sah mich mit einem ver-
wunderten Blick an und sagte dann: »Oh, das ist aber *gut*
so!«.

Leisten Sie Erste Hilfe für Ihr Leben

Wenn Sie sich jetzt in einer Krise befinden, unternehmen
Sie die nachfolgenden Schritte. Wenn Sie sich bereits auf
der anderen Seite der Krise befinden, können Sie das
restliche Buch lesen, um zu vermeiden, dass Sie jemals
wieder in eine solche Situation kommen. Handeln Sie so,
als ob Sie in dieser Situation kraftvoll wären, selbst wenn
Sie das Gefühl haben, dass dies momentan nicht der Fall
ist. Folgen Sie den nachstehenden Anweisungen, die ich
an anderer Stelle in diesem Kapitel noch ausführlicher
behandeln werde. Im Augenblick jedoch sollten Sie sich
einzig und allein auf diese Aufgaben konzentrieren:

- Richten Sie Ihren Fokus auf die Gegenwart. Ihre einzige Kraft liegt in der Gegenwart. Sie können die Vergangenheit nicht verändern, und es ist Zeitverschwendung, Ihre Krise in eine Zukunft auszudehnen, die
  noch nicht stattgefunden hat. Konzentrieren Sie sich
  weiter auf die Gegenwart.
- Geben Sie Ihrer Krise einen Namen. Sie sind nicht
  allein – lassen Sie zu, dass Ihnen Menschen helfen, die
  ähnliche Krisen erlebt haben und denen Informationen, Möglichkeiten und die kollektive Kraft zur Verfügung stehen.
- Setzen Sie sich ein Ziel, und wenn es nur ein kleines
  ist. Sie brauchen eine Richtung, die von Ihrer Krise

wegführt. Erlauben Sie sich, das Ziel zu verändern,
wenn Sie wieder an Kraft gewonnen haben.

- Verinnerlichen Sie sich, wer Sie in dieser Krise sind,
über welches Wissen Sie verfügen und was Sie als
Nächstes unternehmen müssen, um den Weg hin zur
Sicherheit zu finden.

- Nutzen Sie Ihre Intuition, um sich in die richtige Richtung lenken zu lassen, auch wenn Ihnen nicht klar ist,
wo entlang es in die richtige Richtung geht.

- Seien Sie sich bewusst, wie Sie normalerweise auf eine
Krise reagieren und nutzen Sie die Werkzeuge in Kapitel 4, um die Dinge diesmal anders anzugehen.

- Nutzen Sie Ihren Schlaf, um die Krise zu verarbeiten
und Lösungen zu finden. Notieren Sie Ihre Herausforderungen, bevor Sie schlafen gehen, damit Sie Ihre
Auszeit für die Organisation und Integration Ihrer
Ideen nutzen können.

- Überlegen Sie sich, wer aus Ihrem Umfeld am besten
mit Ihnen umgehen kann, wenn Sie in einer Krise stecken, und finden Sie auf diesem Wege Mentoren, die
Sie begleiten und Ihnen damit helfen können.

- Egal, was Sie gerade empfinden – Sie sollten wissen,
dass dieses Kapitel in Ihrem Leben ebenfalls enden
wird und dass Sie wählen können, wo dies der Fall
sein wird.

- Erinnern Sie sich an alle Zeiten, in denen Sie Krisen
erfolgreich durchschifft haben (wenn Sie immer noch
aufrecht stehen können, ist Ihnen das zuvor gelungen),
und versichern Sie sich, dass Sie es wieder schaffen
können.

Beginnen Sie sofort damit, diese Dinge auf Ihre Überlebensliste zu setzen. Selbst geringfügige positive Veränderungen Ihres Selbst verwurzeln sich im fruchtbaren Boden Ihrer Zukunft.

Wir werden diese Schritte im Laufe des Kapitels noch detaillierter beschreiben. Aber jetzt sehen wir uns Harrys Geschichte an.

Eines Tages tauchte Harrys Exfrau mit ihrer vierjährigen Tochter Ellie in San Francisco auf; sie hatte einen Koffer dabei und sagte, dass sie Zeit für sich brauchte. Harry und seine Frau hatten sich getrennt, als ihre Tochter acht Monate alt war. Harry war nach San Francisco gezogen, und obwohl er zweimal jährlich nach Boston gefahren war, um seine Tochter zu besuchen, war er nie mehr als einige Stunden mit ihr allein gewesen. Seine Exfrau sagte, dass sie in einigen Tagen anrufen und eine Telefonnummer hinterlassen würde. Harry war wütend, und bevor seine Exfrau ging, stritten die beiden sich lauthals. Mutter und Tochter umarmten sich zum Abschied und weinten. Normalerweise hätte Harry als Erstes etwas zertrümmert, wäre dann gegangen und hätte sich fürchterlich betrunken. Was er dann in den nächsten vierundzwanzig Stunden tat, überraschte Harry selbst und hätte jeden anderen Menschen überrascht, der ihn kannte.

Harry hatte sich mit einer Frau verabredet, die er sehr mochte. Er rief sie an und fragte sie um Rat. Sie ließ ihn auf unmissverständliche Weise wissen, dass sie nichts mit ihm oder seinem Kind zu tun haben wollte, bis er die Situation gelöst habe. Seine Tochter saß auf dem Sofa seines Studio-Appartements und hatte sich nicht mehr bewegt, seit die Mutter gegangen war. Er ging zu ihr und setzte sich neben sie, in eine Urinpfütze hinein, die

sich unter ihr auf dem Polster ausgebreitet hatte. Innerhalb einer Stunde hatte er eine Tochter gewonnen, eine
Freundin verloren und war in einer völlig neuen Welt ge-
landet. Er wusste nicht einmal, ob man Vierjährigen die
Windeln wechseln musste, oder ob sie sich selber umzie-
hen konnten. Er schaute seine Tochter an, und sie sagte:
»Das passiert mir immer.« Sie brach in Tränen aus, und er
hielt sie fest, nass und zitternd, bis sie einschlief.

Er zog ihr die nassen Sachen aus, wickelte das Kind
in eine weiche Decke und legte es in sein Bett. Dann
schickte er an jeden, dem er vertraute, ein E-Mail und
bat um Hilfe. Jedes Mal, wenn er in Panik geriet oder
spürte, wie sich seine Wut steigerte – was bei ihm alle
paar Minuten geschah –, schaute er seine E-Mails durch
und folgte einem der Vorschläge. Eine Mutter schlug vor,
den Koffer der Tochter auszupacken und ihr sofort ein
eigenes Plätzchen zuzuweisen. Ein anderer schickte ihm
Informationen über eine Gemeinschaft alleinerziehender
Eltern. Jemand anderes schickte Informationen über eine
Hilfsgruppe für alleinerziehende Väter. Ellie wachte um
fünf Uhr früh auf. Nach nur drei Stunden Schlaf war
Harry reizbar und fühlte sich hilflos. Er vergaß, bei seiner Arbeitsstelle anzurufen. Er hatte sie erst vor kurzem
bekommen, nachdem er einige Monate lang mit extrem
wenig Geld hatte leben müssen.

Sein Vorgesetzter rief ihn an. Harry sagte, dass er krank
sei. Sein Vorgesetzter glaubte ihm ganz eindeutig nicht,
deshalb rief Harry zurück und redete mit ihm. Sein Vorgesetzter war nicht daran interessiert, sich die Geschichte
anzuhören. Schließlich rief Harry eine Bekannte an, die
ein Kind etwa im gleichen Alter hatte, und bat sie, auf
seine Tochter aufzupassen.

Er machte sich frisch, ging zur Arbeit, ließ seinen Vorgesetzten wissen, dass er das Problem gelöst hatte und dass so etwas nicht wieder vorkommen würde (ohne ihm zu sagen, was er wirklich von ihm hielt). Nach der Arbeit holte er seine Tochter ab, machte eine Liste von Dingen, die zu erledigen waren, bestellte Fastfood und sorgte dafür, dass beide vor neun Uhr ins Bett gingen. Als sein Kopf aufs Kissen sank, war er so wütend, dass er nicht einschlafen konnte. Und so stand er wieder auf, machte fünfzig Liegestütze, duschte und fand weitere E-Mails, in denen ihm Hilfe angeboten wurde. Er betrachtete seine wunderschöne schlafende Tochter, die ihm zum ersten Mal in seinem Leben allein gehörte, und schlief daraufhin auch ein. Als er morgens aufwachte, dachte er: »Ich bin Vater. Ich schaffe es. Ich habe es gestern geschafft, also schaffe ich es heute auch.«

Mit anderen Worten, er setzte einen Fuß vor den anderen und kam stetig voran.

Orientieren Sie sich

Bin ich sicher? Bin ich vollständig? Ist da jemand?

Wenn Sie in der Krise stecken, müssen Sie sich diesen Fragen sofort zuwenden. Sie erhalten vielleicht nicht sofort die Antworten, aber Sie sind auf dem Weg in die Sicherheit.

Wenn Sie und Ihre Welt in Aufruhr sind, ist Verwirrung unvermeidlich. Wenn Sie nach alten Werkzeugen, Verhaltensweisen und Lebensmustern greifen, werden Sie jedoch Schwierigkeiten haben, in einer neuen Situation zu überleben. Sie müssen sich an eine neue Ordnung anpassen und herausfinden, was Sie brauchen, um erneut zu wachsen.

Die Welt ist Ihnen plötzlich fremd, und Sie kennen sich selbst nicht mehr. Sie haben zahlreiche Werkzeuge, Unterstützung und andere Sicherheiten verloren oder mussten sie zurücklassen, bevor Ihr neues Selbst auftauchte.

Die Anpassung ist ein fortlaufender Prozess, der uns nährt, selbst wenn wir uns nicht in einem Augenblick des Neubeginns befinden. Wenn Sie einmal damit begonnen haben, in Ihrer Umgebung für Sicherheit zu sorgen, können Sie darauf achten, wer Sie – gerade in diesem Augenblick – sind. Auf diese Frage brauchen Sie im Moment keine ausführliche Antwort; es genügt, dass Sie eine Richtung finden, in die Sie sich orientieren können.

Sicherheit zuerst

Auch wenn Sie sich gerade jetzt nicht sicher fühlen, müssen Sie so handeln, als wären Sie Ihr eigener guter Elternteil. Was bedeutet Sicherheit? Sicherheit bedeutet die Erfüllung Ihrer grundlegenden Bedürfnisse. Wenn Sie zuviel Angst haben, um selbstständig effektiv handeln zu können, suchen Sie Hilfe. Sicherheit kann bedeuten, dass Sie einen Psychologen aufsuchen, Medikamente erhalten oder Sport machen. Wenn Sie sich in einer Situation befinden, in der Sie körperlich oder geistig missbraucht werden, bedeutet Sicherheit wahrscheinlich, wegzulaufen und ein sicheres Zuhause zu finden. Wenn Sie in einer Situation sind, in der Ihnen ein echter oder potenzieller

Schaden zugefügt wird – Sie werden am Arbeitsplatz bedroht, stehen vor der Scheidung oder haben ein körperliches Problem –, können Ihnen Menschen oder Organisationen Sicherheit bieten, indem sie Sie unterstützen bzw. vertreten.

Dort draußen gibt es vieles, das Ihnen Kraft geben kann. Sie werden allerdings nur auf diese Ressourcen stoßen, wenn Sie während einer Krise Hilfe benötigen.

Kümmern Sie sich weiter um Ihre Angelegenheiten

Das Mutigste, was jemand tun kann, besteht darin, sich den täglichen, manchmal monotonen Aufgaben des Lebens zu stellen. Dies erfordert Disziplin, Beständigkeit, aufgeschobene Vergnügungen und das Vertrauen, dass es all das wert ist. Die kleinen, von Vertrauen erfüllten Schritte, die unser Selbst, die Beziehung, die Gemeinschaft und die Liebe am Leben erhalten, erfordern zeitweise eine enorme Disziplin und Großzügigkeit.

Das Leben fordert von jedem von uns einige grundlegende Dinge. Wir können sie umgehen, jedoch nicht, ohne unseren Preis dafür zu zahlen. Ein täglicher Rhythmus von Freude und Opferbereitschaft muss aufrechterhalten werden, damit das Leben vollständig ist. Einige Dinge erscheinen bedeutungslos: Quittungen aufbewahren, gut essen, Hausaufgaben machen, Zähneputzen, sich unseren Nachbarn gegenüber freundlich verhalten, Sport treiben.

Der einfache Ablauf dieser Rituale, Tag für Tag, Jahrzehnt um Jahrzehnt, macht den Pulsschlag unseres Lebens aus. Wenn Sie diesen Pulsschlag ehren, können Sie zwar erschüttert werden, aber Sie fallen nicht. Sie können sich eine Zeitlang in der Krise befinden, aber wenn Sie diesem Pulsschlag folgen, werden Sie sich wieder fangen. Die einfachsten Handlungen sind zugleich die schwierigsten, die uns am meisten herausfordern. Bedeutsamer als tiefgreifende Visionen, Erkenntnisse oder überraschende Augenblicke des Glücks ist es, die weltlichen Handlungen des Daseins als höchste Schöpfungsakte an ihren richtigen Platz zu erheben.

Wenn Sie in einem gegebenen Moment allein dafür sorgen können, dass dieser Pulsschlag aufrechterhalten wird oder Sie ihn wiederentdecken; wenn Ihr Leben so traumatisiert war, dass Sie ihn vorübergehend verloren hatten, werden Sie nun weitergehen und schließlich triumphierend aufsteigen. Dieser Puls wird Sie davor schützen, dass sich Unebenheiten in Berge und Täler oder gar Spiralen verwandeln. Gehen Sie mit der Wirklichkeit so um, wie sie auftaucht, und diejenigen, die mit Ihnen Schritt halten, werden eine passende und kraftvolle Gemeinschaft bilden, die Sie ins Morgen führt.

Übung: Sich ausdehnen

Ihre erste Aufgabe besteht darin, eine Liste aller Menschen, Organisationen, Aktivitäten, Verhaltensweisen und Stärken zu erstellen, auf die Sie sich verlassen können. Wenn Sie krank sind, kann das bedeuten, dass Sie einen Arzt finden, auf den Sie sich verlassen können, oder einen Sozialarbeiter, der Ihnen dabei hilft, die notwendige Hilfe in Anspruch nehmen zu können. Wenn Sie sich in körperlicher Gefahr befinden, kümmern Sie sich zuerst um den Körper. Finden Sie eine Unterkunft. Gehen Sie zur Rechtsberatung. Rufen Sie einen Freund an. Essen Sie etwas. Baden Sie. Bewegen Sie sich – auch wenn Sie nur in Ihrer Wohnung umherlaufen.

Machen Sie dann eine Liste der Menschen, die Sie lieben und nehmen Sie Kontakt zu ihnen auf. Isolation ist der Feind des Überlebens. Schneiden Sie sich nicht von der Energie und den Ressourcen ab, die Sie in dem Prozess unterstützen können, den Sie gerade durchlaufen. Wenn Sie sich einmal mit einigen Helfern auf Ihrer Liste in Verbindung gesetzt haben, wird diese Liste länger werden. Kontakte lassen Kontakte entstehen.

Geben Sie Ihrer Krise einen Namen, damit Sie von anderen Hilfe erhalten

Oft können Sie Ihre neue Gruppe (und denken Sie daran – Sie sind nur auf der Durchreise) am Namen erkennen. Anonyme Alkoholiker; Frauen in Scheidung; Die Arbeitslosen; Neue Eltern; Die Kinder sind ausgeflogen; Krebshilfe.

Wenn Sie eine schwierige Übergangszeit erleben, können diese Namen folgendermaßen aussehen: »Frauen-die-ihren-Ehemann-nicht-mehr-lieben-und-nicht-wissen-was-zu-tun-ist« oder »Menschen-an-denen-das-Leben-vorbeigegangen-ist«. Wenn Sie fortwährend an Ihrem Ziel arbeiten, werden Sie schließlich einen Namen finden. Sie können auch Ihre Freunde bitten, bei dieser Übung mitzumachen. Das Elend liebt Gesellschaft. Selbst ich, die ich mich als erste Reaktion auf eine Krise in eine Höhle zurückziehe, kann von ein paar Freunden, vor denen ich mich nicht verstellen muss, wieder herausgezogen werden.

Bei einigen Gruppen sieht es so aus, als würden sie diese Höhle nie verlassen – Menschen mit chronischen Erkrankungen zum Beispiel oder Menschen, die zu lange gewartet haben und keine Kinder mehr bekommen können. Ob Sie es glauben oder nicht, keine Krise dauert ewig. Selbst wenn Sie mit einer Krankheit oder einem Verlust konfrontiert werden oder mit einer Sache, die Sie scheinbar immer prägen wird, werden Sie Ihren Fokus verändern, sobald Sie gelernt haben, die Krise zu bewältigen, und damit in Ihr neues Leben geboren werden.

Wenn Sie sich in einer Krise befinden, sind Sie ein fremder Mensch in einem fremden Land. Sie haben keine Ahnung, wo Sie Unterstützung finden, Ihre alten Gewohnheiten unterstützen keine Veränderungen, und trotzdem müssen Sie auf die Veränderung reagieren. Als Kind haben Sie natürlicherweise Mentoren gebraucht. Das waren Ihre Eltern, Lehrer, Ärzte und sogar Polizisten, wenn Sie sich auf der Straße verirrt hatten. Sie haben bestimmte Mentoren ausgewählt, weil diese einen Stil oder einen Beruf hatten, den Sie bewundert haben und nachahmen wollten.

In der Übergangszeit von einer Krise zu einem neuen Leben sind Sie wieder ein Kind, und Sie können wählen, wer Sie sein werden, während Sie in diesem neuen Leben »aufwachsen«. Sie müssen jemanden finden, der sich auf diesem Gebiet auskennt. Das kann in Form eines Buches geschehen, einer Person, einer Gruppe, einer Organisation, eines Familienmitglieds oder einer Aktivität, die Sie voranbringt.

Die Gemeinschaft unterstützt uns, wenn wir Herausforderungen begegnen müssen. Die Gemeinschaft ermöglicht es uns, unsere Kraft zu würdigen und sie anderen anzubieten, die sie brauchen. Der Puls der Gemeinschaft besteht in der Erweiterung des Alltags. Wenn wir uns in einer Gemeinschaft engagieren, werden unsere Kraft, unser Bewusstsein und unsere Ressourcen nach außen in die ganze Welt getragen. Durch die Gemeinschaft erschaffen wir täglich ein Morgen, indem wir die Kraft teilen, die unsere individuelle Selbstverwirklichung gedeihen lässt.

Wenn kleine Kinder in der Krise stecken, ermutigen uns die Fachleute, sie ganz in der Kraft ihres eigenen Seins sowie in der Sicherheit ihrer familiären Umgebung wurzeln zu lassen. Wenn unser »Erwachsenenbild« in der Krise versagt, muss unser ursprüngliches, essenzielles kindliches Selbst genährt werden. Die Arme, Augen und Ohren der Menschen, die mit uns fühlen und uns lieben, sowie die Weisheit derjenigen, die auf unserem Weg vor uns unterwegs waren, sorgen für den Sinn und die Unterstützung auf unserer Reise, wenn wir sie nicht in uns selbst finden können.

Letztes Jahr ging mein Sohn mit seinem Vater eine Woche Ski fahren. Bevor er ging, bat er mich, auf eine Ratte aufzupassen, die er vor der Schlange, die sein Vater sich zu Hause hielt, gerettet und mit Milch aufgezogen hatte. In meinem Leben gibt es drei grundlegende Ängste: Kakerlaken, Ratten und Verlassenwerden – daher war ich nicht allzu glücklich, eine Ratte im Haus zu haben.

Weil es mein Sohn war, sagte ich natürlich zu. Die Bedingung war, dass er genügend Nahrung und Wasser im Käfig ließ, damit ich die Ratte weder anschauen noch anfassen musste. Er brachte das Tier zu uns nach Hause. Ich ließ meinen Sohn den Käfig mit der Ratte ganz hinten in den Flur stellen, wo ich zwar nichts davon sehen, aber hören konnte, ob es ihr gut ging.

Später am Abend ging ich auf eine Party. Ich kam etwa um Mitternacht nach Hause. Als ich mich zum Schlafen bereitmachte, hörte ich im Flur ein leises Röcheln. Mir war sofort klar, dass die Ratte Atemprobleme hatte. Ich kannte mich mit Ratten nicht aus. Also suchte ich im Internet bei Google unter *Ratten*. Sofort fand ich heraus, dass die Todesursache Nr. 1 bei Ratten – raten Sie mal – Atemwegsinfektionen sind.

Ich weckte sofort meine Tierärztin (die immer noch nachts zu Hause Anrufe entgegennimmt) und fragte sie, was ich tun sollte. Sie ließ mich wissen, dass Ratten als »Exoten« galten und sie diese nicht behandelte.

Da saß ich nun, mitten in der Nacht, mit einer Ratte, die nicht atmen konnte, die für mich den größten Horror bedeutete und zugleich das geliebte Haustier meines Sohnes war. Widerstrebend schaltete ich die Dampfdusche ein, gab ein wenig Lavendelöl auf meine Hand und hielt während dieser Nacht die meiste Zeit die gefürchtete, kranke Ratte. Am Morgen waren wir Freunde geworden.

Alles, was ich über Ratten wusste, war, dass viele in den Straßen von New York lebten. Ich wollte nun alles lernen, um eine gute Rattenpflegerin zu sein. Ich fand Online-Informationen über Ernährung, Zucht und Kommunikation sowie über Rattensprache, Rattenhumor sowie mehrere Chatrooms über Ratten. Es gab eine ganze Welt, die sich um Ratten drehte und von der ich nun ein Teil war. Wer hätte das gedacht?

Wenn Sie also der Meinung sind, dass Ihnen nichts dabei helfen kann, Ihre Übergangsphase zu bewältigen, dann erinnern Sie sich doch an diese Rattengeschichte.

Wenn Sie erst einmal einen Namen für Ihre Krise haben, können Sie auf Gemeinschaften von Menschen stoßen, die dieses »Land« erfolgreich vor Ihnen bereist haben. Ein Reichtum an Informationen und echter Hilfe erwartet Sie da draußen, egal, was Sie durchmachen. Es ist so wichtig, in einer Gemeinschaft verwurzelt zu sein, um Veränderungen erfolgreich durchlaufen zu können. Der Lieblingssatz einer meiner Freundinnen lautet: »Sie wissen nicht, was Sie nicht wissen« – und Sie wissen es tatsächlich nicht. Glücklicherweise gibt es andere, die es wissen.

Diejenigen, die genug Geld haben, finden bezahlte Fachleute, die sie durch eine Situation hindurchführen. Das ist nicht immer die beste Art zu handeln. Ein Experte hat einen bestimmten Standpunkt, der auf seiner Erfahrung beruht. Eine Gemeinschaft hat eine Vielfalt von Erfahrungen zu teilen, und Sie können innerhalb dieser Gemeinschaft einen Weg finden, der wirklich zu Ihnen passt. Häufig stehen Dienstleistungen und Hilfsgruppen in örtlichen Krankenhäusern, Sozialstationen, Rechtsberatungsstellen und eine Vielfalt von anderen allgemeinen Organisationen zur Verfügung.

Selbst Jahre nach dem 11. September bietet unser Krankenhaus vor Ort für die Bewohner in der Umgebung Beratungen, chiropraktische Behandlungen, Massagen und eine Reihe anderer Dienstleistungen kostenlos an. Wenn Sie Zugang zu einem Computer haben, gehen Sie ins Internet und suchen Sie nach Gruppen und Organisationen, bei denen Sie das Gefühl haben, dass sie Ihnen in diesem Augenblick behilflich sein können. Das können beispielsweise staatliche Einrichtungen sein, Wohltätigkeitsorganisationen, Rundbriefe, Diskussionsgruppen oder Chatrooms, die Ihnen die nötigen Informationen und Unterstützung bieten.

Das Wichtigste ist: Sie müssen die Fähigkeit erlangen, zu wählen, wer Sie sind und wohin Sie gehören. Der Name Ihrer Krise wird sich verändern, und während Sie sich auf Ihr neues Selbst zubewegen, sind Sie meist derjenige, der eine Veränderung bewirkt, anstatt dass Ihnen eine Veränderung widerfährt.

KAPITEL 6

Wie Sie Wege finden, um sich zu belohnen

Rechnen Sie mit Fehltritten, Fehlern und anderen Peinlichkeiten – nehmen Sie sich deshalb eine Auszeit

Es erstaunt mich, wie viele Menschen Angst haben, sich lächerlich zu machen – insbesondere, wenn sie sich in neuen Situationen befinden. Dabei müssen wir bedenken, dass wir uns ohnehin ständig selbst im Weg stehen (oder jemand anderem). Seien Sie unbeholfen, wenn Sie ein neues Leben beginnen. Etwas Neues auszuprobieren, mit dem Sie sich noch nicht auskennen, erfordert Mut. Tragen Sie die Spuren der Torte im Gesicht – als ehrenvolle Auszeichnung!

Schauen wir uns dazu Martas Geschichte an.

Marta war alleinerziehende Mutter und beruflich sehr angesehen. Sie war immer perfekt gekleidet, genau wie ihre achtjährigen Zwillingstöchter. Martas Töchter hatten bei Ausflügen die tollsten Lunchpakete, bei ihnen gab es die besten Partys. Irgendwann wurde Martha klar, dass sie die Miete, die Privatschule für die Mädchen, das Kindermädchen und alles andere, was sie alleine zu bewältigen hatte, nicht mehr bezahlen konnte.

Einige Monate lang hielt sie ihr Image noch aufrecht –

aber innerlich überlegte sie panisch, was sie tun sollte. Sie ließ niemanden wissen, dass sie Probleme hatte. Sie nahm ab. Sie besuchte ihre Freunde nicht mehr. Sie plante mehr Zeit »alleine« mit den Mädchen, da sie sich die teuren Wochenendausflüge mit den Klassenkameraden nicht mehr leisten konnte. Marta fühlte sich als totale Versagerin. Und, was noch schlimmer war, sie enttäuschte ihre Kinder. Sie schämte sich.

Die Dezemberrechnung der Schule war nicht bezahlt worden. Die Schule schickte eine weitere Rechnung, um sie daran zu erinnern, für das nächste Semester zu zahlen. Eines Tages, als sie ihre Töchter abholte, kam die Direktorin auf sie zu und begann, mit ihr zu plaudern. Auf einen Impuls hin – einen Impuls, den Marta selten gespürt, geschweige denn auf ihn reagiert hatte – erzählte sie der Direktorin, dass sie finanziell vor dem Abgrund stand und wahrscheinlich ihre Kinder von der Schule nehmen müsste.

Die Direktorin schaute ihr direkt in die Augen und sagte: »Das ist die Schule der Zwillinge. Sie gehen nirgendwo anders hin.« Marta erhielt Anmeldeformulare für das folgende Jahr, bei denen die Zahlungshinweise gestrichen waren. Diese Erfahrung gab ihr den Mut, die »Person« fallen zu lassen, die sie immer gewesen war, und ermutigte sie, sich auf die Menschen um sie herum einzulassen. Sie hörte auf, ihre hübschen Kostüme zu tragen, wenn sie die Kinder abholte, und trug bequeme Jeans. Sie ging mit »den Damen« zum Kaffee, nachdem sie die Kinder abgegeben hatte und ließ sie wissen, dass ihre »Goldschicht« dünn geworden war.

Einige Zeit später: Jeder liebte die neue, verfügbare, fast entspannte Marta. Und man zeigte ihr, dass man ihr helfen wollte. Sie erhielt Ferieneinladungen für den Sommer und »Extratage« der Haushälterin eines Elternteils, der zu viel Hilfe hatte. Am wichtigsten war eine Schar von Frauen, die neue Klienten für sie fand.

Im Herbst stand sie wieder auf den Füßen und konnte das Schulgeld zahlen. Sie beschloss, wachsam zu sein, um nicht wieder zu der arbeits- und perfektionsbesessenen Person zu werden, die ihren Glanz verloren hatte. Sie gewann ein eigenes Selbst.

Es ist hilfreich zu wissen, welchen Eindruck Sie in den neuen Situationen machen wollen, die auf Sie zukommen. Wie möchten Sie sich fühlen? Wie sollen andere auf Sie reagieren? Wenn Sie sich einfach diese Fragen stellen, hilft das Ihrer Intuition, Intelligenz und Ihrem Bewusstsein, Sie zu der Person zu machen, die Sie sein möchten.

Allerdings sind es auch oft die Überraschungen, die uns zeigen, zu wem wir uns da gerade entwickeln. Ich bin schüchtern, etwas steif und äußerst kontrolliert. Als ich erste öffentliche Auftritte hatte und Fernsehinterviews gab, hatte ich schreckliche Angst. Es machte die Sache nicht besser, dass ich gerade einen Kampf um das Sorgerecht begonnen hatte und dass alles, was ich sagte, vor Gericht gegen mich verwendet werden konnte. Ich beschloss, dass ich organisiert wirken, rational klingen (intuitive Menschen sind für diese Rolle wahrlich geschaffen), seriös aussehen (fürs Gericht) und als eine ernsthafte, normale Frau angesehen werden musste (wieder fürs Gericht). Ich absolvierte erfolgreich (und als langweilige Person) einige dieser Shows.

Dann wurde ich für die Wirtschafts-TV-Sendung *The*

View gebucht. Ich versuchte, meine »Person in der Öffentlichkeit« zu sein, aber diesmal funktionierte es nicht. Ich hatte das Gefühl zu versagen, ausgerechnet als ich das Glück hatte, im nationalen Fernsehen aufzutreten.

Frustriert beschloss ich, mich einfach treiben zu lassen. Schließlich machte ich Witze, lachte, plauderte mit den Zuschauern und gab eines meiner besten Interviews überhaupt. Ich wollte in der Lage sein, dem Publikum etwas wirklich Wertvolles zu geben. Schließlich empfand ich Wärme und war authentisch und unterhaltsam, während ich dem Publikum etwas über die Intuition vermitteln konnte.

An diesem Tag war ich einem neuen Ich begegnet, das aus einer kleineren Krise hervorgegangen war. Von diesem Tag an war es mir ein Vergnügen, Interviews zu geben. Sie werden über die neuen Menschen erstaunt sein, die da aus Ihnen herauskommen, und Sie werden neue Freuden im Leben entdecken, während dieser Prozess weiterläuft.

Seien Sie sich der Person bewusst, die Sie sein möchten. Sie sollten wissen, welchen Eindruck Sie in neuen Situationen auf andere machen möchten. Akzeptieren Sie unvermeidliche Überraschungen als wertvolle Lernaufgaben und stellen Sie fest, ob Sie etwas getan oder gespürt haben, das anders als erhofft war oder anders als das, was Sie in der Vergangenheit erlebt haben. Dadurch können Sie sich schneller zu dem Ich entwickeln, das in Ihrer neuen Inkarnation erblüht.

Legen Sie ein emotionales Sparbuch an

Um sicherzugehen, dass Sie genügend emotionale und andere Reserven anlegen, sollten Sie kleine Freuden trotzdem nicht entbehren. Selbst kleine, scheinbar unwichtige Opfer für Ihr Wohlbefinden verhindern während Ihrer Krise, dass Sie aus der Verwirrung herauskommen und Klarheit erlangen.

Wir alle kennen Menschen, die enorm abgenommen oder zugenommen haben, als etwas in ihrem Leben schiefgelaufen ist. Dann gibt es die Menschen, die nach Freuden – auch destruktiven Freuden – jagen, wenn etwas schiefläuft. Und es gibt diejenigen, die sich keine Erholung und kein Vergnügen mehr gönnen, wenn sie gestresst sind. Was haben all diese Menschen außer ihrem Stress gemeinsam? Sie sind nicht mehr in der Lage, ihre Bedürfnisse und Impulse zu kontrollieren.

Ein Bankkonto für die Sinne schafft Wohlbefinden. Ein angemessenes Gleichgewicht von Einnahmen und Ausgaben macht stark. Alles, was Ihre fünf Sinne nährt und erfreut, ohne Ihnen zu schaden, bedeutet ein Guthaben auf Ihrem emotionalen Sparbuch.

Wenn eine Sinneswahrnehmung überstimuliert wird, muss eine andere gewöhnlich darunter leiden. Viele Menschen, die zu viel essen, sind sich der Beschaffenheit, des Geschmacks, des Anblicks und des Geruches ihres Essens nur geringfügig bewusst. Menschen, die zu viel Alkohol trinken, betäuben ihre Sinne und ihre Empfindsamkeit, um weniger Schmerz fühlen zu müssen.

Welche Abhilfe können Sie hier schaffen? Vor allem während einer Krise sollten Sie sicherstellen, dass all Ihre

Sinne regelmäßig genährt und trainiert werden. Denken Sie auch daran, dass Sie einen sechsten Sinn haben, der gepflegt werden muss: die Fähigkeit, Ihre Umgebung über Ihre Gedanken und Erinnerungen wahrzunehmen. Hegen Sie nährende Gedanken. Suchen Sie nach positiven Erinnerungen, die Sie nicht in Nostalgien schwelgen bzw. keine Schmerzen entstehen lassen.

Übung: Arbeiten Sie mit einer Erinnerung

Nehmen Sie genau jetzt einen tiefen Atemzug und lassen Sie sich zu einer wohltuenden Erinnerung zurücktragen. Sie müssen nach dieser Erinnerung nicht suchen, sie kommt zu Ihnen, denn Ihre Intuition wird genau die richtige Wahl treffen. Sie wird eine Erinnerung auswählen, die Sie heilen und lenken kann, selbst wenn Sie nicht verstehen, warum oder wie diese ausgewählt wurde. Lassen Sie sich von dieser Erinnerung erfüllen und leiten, während jede Sinneswahrnehmung, jeder Gedanke und jeder Muskel in dieses Gedächtnis des Wohlbefindens hineinschmilzt.

Lassen Sie sich von dieser Erinnerung tragen, während sie eine weitere Erinnerung auslöst – erleben Sie Wohlbefinden von einer Erinnerung zur anderen, von einer Sinneswahrnehmung, einem Klang, einem Gefühl, einem Gedanken, einem Geschmack und einem Geruch zum anderen.

Wenn Sie den zarten Geruch des Wohlbefindens atmen, nehmen Sie die Erinnerungen wahr, die Ihre Intuition ausgewählt hat. Was haben diese Erinnerungen gemeinsam? Welche Elemente, Gefühle, Orte oder Situationen, die dort auftauchen, stehen Ihnen jetzt zur Verfügung? Greifen Sie einige Elemente in diesen Erinnerungen auf, die Ihnen in Ihrem jetzigen Leben zur Verfügung stehen: ein besonderer Park, ein Geruch, eine Farbe, eine Person. Versprechen Sie, dass Sie mit diesem Element des Wohlbefindens auf irgendeine Weise in Ihrem Leben Kontakt aufnehmen. Erlauben Sie dem nährenden Wohlbefinden, weiter bei Ihnen zu verweilen, wenn Sie jetzt die Augen öffnen, um etwas im Raum zu finden, das Ihnen Wohlbefinden schenkt, wenn Sie es sehen.

Ein Weg, um sicherzustellen, dass Sie mit physischen, emotionalen, spirituellen und anderen Stützen versorgt sind, besteht darin, Rituale zu schaffen. Zeremonien – insbesondere die des Feierns und des Trauerns – sind wichtige Themen im Alltag. Sie markieren Fortschritte, signalisieren Unterstützung bei Verlusten und ermöglichen es unserer inneren sowie unserer äußeren Gemeinschaft, Weisheit und Unterstützung zu bieten.

Lassen Sie die Zeit des Zubettgehens eine Zeit des Friedens sein. Finden Sie eine inspirierende Musikaufnahme, die lauter ist als Ihre eigene innere Stimme, wenn Sie zur Schlafenszeit destruktive »Kopfgespräche« haben. Schaffen Sie ein kleines Ritual, das Ihnen versichert, dass sich die Dinge erledigen, während Sie schlafen. Gehen Sie mit dem Wissen ins Bett, welche erste positive Handlung Sie am nächsten Morgen ausführen werden. Schreiben Sie eine Themenliste für Ihr Unterbewusstsein, an denen es arbeiten oder für die es Lösungen finden kann, während Sie schlafen.

Nehmen Sie sich Zeit, die weltliche Wirklichkeit des Lebens zu transzendieren

Transzendenz, die; 1. ein Seins- oder Existenzzustand jenseits der Grenzen der materiellen Erfahrung
2. der Zustand, in dem man die gewöhnlichen Grenzen überschreitet und sich jenseits von ihnen bewegt.

Wird sie positiv gelebt, ist die Krise eine Zeit wirklich harter Arbeit, ein wirklicher Transformations-Marathon. Während einer Krise können wir unser wahres Selbst entdecken, neue Strukturen und Beziehungen sowie neue Ausdrucks- und Interaktionsmuster in unserem Leben schaffen. Währenddessen beklagen wir Verluste und lösen uns mit einem Ruck von der Vergangenheit, damit wir aus unserer Gegenwart nicht zurückgerissen werden. Wir haben mit alten Erinnerungen zu tun, mit Verletzungen, Träumen, Geschenken, mit Liebe und tief in uns vergrabenen Fähigkeiten, die wir nutzen und auf neue Art und Weise interpretieren. Unsere Intuition führt uns durch eine völlig neue Welt und treibt uns voran.

Obwohl uns dieser Prozess energetisch auflädt und inspiriert, ist er immer anstrengend, beängstigend und fremd. Dies bedeutet, dass Sie sich wieder regenerieren müssen, um den Weg zu Ihrer ursprünglichen Quelle der Kraft und Unterstützung zu finden. Sie müssen auf Erfahrungen stoßen, die die »irdische Realität« des Augenblicks transzendieren und Sie mit der Weisheit und Einheit in Verbindung bringen, die wir alle miteinander teilen, und die Ihnen Unterstützung und Frieden geben.

Selbst im Kampf gibt es Momente des Friedens. Diese erlauben es uns, uns zu organisieren, Kraft zu schöpfen und mit unserem Kern sowie mit der geliebten Welt wieder in Einklang zu gelangen – trotz der Situation, in der wir uns gerade befinden.

Für mich, die Introvertierte, wäre der Verzicht darauf fast unerträglich. Ich kann nur in Interaktion sein, wenn ich die Energie habe zu geben; ansonsten ist es eine Herkulesarbeit. Meine Momente der Transzendenz finde ich in der Stille, im Gebet und wenn ich auf die Stimme des Universums in der Stille meines eigenen Wesens lausche.

Mein Freund regeneriert sich, wenn er die Ideen anderer Menschen erlebt, jedoch nicht unbedingt in Gesellschaft. Er verliert sich im Informationsnetzwerk des Internets, spielt dort Schach oder liest Bücher. So kommt er aus sich und seiner Erfahrung heraus und gelangt an einen Ort, an dem er genährt wird und Frieden erfährt.

Jeder von uns erholt sich auf seine Art und Weise. Nachfolgend sind einige Möglichkeiten aufgezählt, wie sich Menschen regenerieren:

- Meditation
- Tanz
- Gebet
- im Chor singen
- mit einer Gruppe Menschen in Interaktion sein
- Jogging
- neue Ideen erforschen
- Schach spielen
- in wunderbarer Gesellschaft wunderbar essen
- Heilenergie geben oder empfangen

- intuitive Sitzungen geben oder empfangen
- jemandem zuhören
- gehalten werden
- an einem Gruppenritual wie einem Gottesdienst, einer Feier oder sogar an einem Begräbnis teilnehmen
- die Hausarbeit machen (ja, manche Menschen meditieren auf diese Weise)
- Gedichte schreiben
- künstlerisch tätig sein

Um meine Sprache der Transzendenz zu benutzen: wir beten alle auf unterschiedliche Art und Weise, aber beten müssen wir alle.

Augenblicke der als Transzendenz erinnern Sie daran, dass ein bedeutender Teil von etwas sind, das größer ist als Sie selber, das Sie nähren, informieren oder transformieren kann und das Sie an einen Ort des Friedens bringt, selbst wenn es keinen Frieden gibt, den Sie materiell erleben. Es trägt Sie jenseits der üblichen Grenzen des Selbst und Seins an einen Ort, an dem Sie das Verstehen aus einer neuen Perspektive erleben. Sie erleben Heilung, indem Sie sich eine Zeitlang von der Energie der Einheit tragen lassen.

Diese Momente der unbewussten Erfahrung schaffen den durchlässigen Ort, in den die Intuition und die Heilung hineingleiten können. So wie im Schlaf, wenn sich Ihre Muskeln entspannen, genährt werden und Ihr bewusster Geist ausruht, um seine Schaltkreise auf den neuesten Stand zu bringen sowie Gedanken und Gefühle zu reorganisieren. Augenblicke der Transzendenz lassen diesen Prozess in unserem täglichen, bewussten Leben stattfinden.

Spüren Sie diese Momente auf. Sie wirken erhaltend und sind notwendig. Kinder brauchen in den natürlichen Phasen des schnellen Wachstums enorm viel Schlaf, um richtig wachsen zu können. Während einer Krise müssen Sie Momente der Transzendenz pflegen, um mit Kraft, Wissen und Perspektive auf Ihre nächste Seinsstufe zu gelangen. Die Transzendenz hilft Ihnen dabei, sich über die »irdische Realität« zu erheben, damit sich der Geist und die Sinne von Ihrem Konfliktbewusstsein erholen können.

Die Krise hat einen einzigartigen Vorteil: Wenn Sie sich erst einmal für Ihre Krise einsetzen, haben Sie sich bereits zu ihrer Lösung verpflichtet. Für die Vergangenheit können Sie sich nicht einsetzen und damit vorankommen, und Sie können sich auch nicht für die Zukunft engagieren und gleichzeitig genügend Aufmerksamkeit und Energie übrig haben, um mit der Gegenwart umzugehen. Wenn Sie sich einmal zu der Person verpflichten, die Sie in diesem Augenblick sind, steht Ihnen ein Reichtum an Werkzeugen und Wahrnehmungsmöglichkeiten zur Verfügung.

- Wenn Sie ein Zorntyp sind, können sich die Momente der Transzendenz bedrohlich anfühlen. Vielleicht versuchen Sie, solche Momente zu vermeiden, um die Intensität Ihres Ärgers aufrechtzuerhalten, und werden unsicher, wenn Sie das nicht tun. Sie können jedoch weitaus bessere Entscheidungen treffen, kraftvoller handeln und weitaus überzeugender auftreten, wenn Sie über die Sichtweise verfügen, die Sie in Momenten der Transzendenz erlebt haben.

- Wenn Sie ein Angsttyp sind, vermeiden Sie vielleicht Augenblicke der Transzendenz, weil Sie das Gefühl haben, dass Sie von Ihrem Problem überwältigt werden, wenn Sie es einmal aus den Augen lassen. Sie können aber nicht ständig handeln. Wenn Sie sich eine Pause gönnen, wird das Problem nicht nur klarer, sondern es ist auch möglich, dass sich in Ihren Gedanken eine Lösung findet.

- Wenn Sie ein Depressionstyp sind, vermeiden Sie Momente der Transzendenz vielleicht, weil Sie dafür ein kleines Stückchen aus Ihrem sicheren Loch herauskommen müssen, was sicherlich ein bisschen Energie verlangt. Bedenken Sie jedoch, dass Ihnen Momente der Transzendenz große Unterstützung bieten, sodass jede notwendige Lebensaufgabe leichter wird.

- Wenn Sie ein Verleugnungstyp sind, vermeiden Sie vielleicht Momente der Transzendenz, um weiterhin in Ihre zahlreichen Aktivitäten verstrickt zu bleiben, das Aktivitätsniveau weiterhin hoch zu halten und zu vermeiden, dass sich etwas enthüllt, was Sie ängstigt, traurig macht oder ärgert. Bedenken Sie jedoch, dass die Momente der Transzendenz die Weisheit und die Werkzeuge mit sich bringen, um das zu finden, dem wir uns letztendlich zuwenden müssen, um zu Schönheit und Freude zu gelangen.

Zum Leben gehört die schwierige Aufgabe, die häufig voneinander abweichenden Teile des Selbst und die manchmal gegnerische Welt um uns herum zu integrieren. Das Leben ist der Teil, der Willen, Mut, Entschlossenheit und

Herz verlangt. Die Transzendenz ist ein Geschenk des größeren, aber weniger klar definierten Anteils von uns, der uns wissen lässt, was wir in unserem Leben erfahren und erreichen, damit wir Menschen sind.

Unsere Augenblicke der Transzendenz geben uns die Kraft und die Einsicht, um unsere Reise mutig und zielgerichtet fortzusetzen. Wenn Sie Ihre Momente der Transzendenz nicht wahrnehmen, dann verpassen Sie die Programmpause. Augenblicke der Transzendenz können durch etwas Praktisches wie Meditation gestaltet werden oder entstehen durch bewusste Dankbarkeit, durch Beten, Heilen, beim Empfangen von Heilung, bei künstlerischen Aktivitäten, beim Schreiben oder wenn Sie mit einem Kind, einem Freund oder einer Freundin spielen. Alles, was es Ihrem Bewusstsein ermöglicht, sich auszuruhen, während Ihr Körper und Ihr Unterbewusstsein in Sicherheit sind, macht es möglich, dass der andere Teil von Ihnen frei ist, um sich nochmals mit dem Ganzen zu verbinden, aus dem er stammt, und die Kraft und das Wissen aufzunehmen, die dort wohnen.

Glücklicherweise können wir die Transzendenz manchmal auch spüren, wenn wir nicht in Sicherheit sind – in der Krise, wenn wir erschüttert sind und uns verändern, werden wir mit lebensrettenden Momenten der Klarheit und Richtungsweisung beschenkt.

Sie wachsen, indem Sie den nächsten Atemzug nehmen. Sie wachsen durch Schmerz, Freude und alles andere. Ja, ich würde eher durch Freude wachsen, aber Sie sind, wo Sie sind und gerade jetzt sind Sie hier, wo immer das auch sein mag.

Durch die Transzendenz lassen Sie Ihren Reaktionstyp hinter sich. Sie reagieren nicht; Sie *sind* einfach. Die Weisheit der transzendenten Augenblicke gelangt durch Handlungen in Ihr Leben, die auf einem neuen Verständnis beruhen. Sie werden den Raum und die Unterstützung haben, um ein neues Wirklichkeitsmodell entstehen zu lassen.

- Sie als Angsttyp bekommen die Bestätigung, dass Sie mehr Chancen erhalten, dass nur wenige Fehler etwas Endgültiges sind und dass Sie in der Welt sowie in Ihrem Inneren das finden, was Sie brauchen.
- Sie als Zorntyp werden erkennen, dass Sie die Gelegenheit haben, das zu bekommen, zu tun und zu besitzen, was für Sie einen Wert hat und was Sie entbehrt haben. Sie können alles werden, was Sie werden möchten.
- Sie als Verleugnungstyp machen die Erfahrung, dass alles letztendlich in Ordnung ist, auch ohne dass Sie es verleugnen. Die Klarheit zeigt Ihnen nicht nur, wie Sie verletzt worden sind, sondern wie viel Sie wirklich besitzen.
- Für Sie als Depressionstyp wird deutlich, dass immer genügend Unterstützung vorhanden ist. Sie müssen nicht die Energie finden, alles allein zu machen. Sie sind nicht allein. Es gibt einen Ort des Friedens, und dieser befindet sich in Ihnen. Der Schmerz wird nachlassen; Sie können ihn einem größeren Ganzen übergeben.

Wenn die Transzendenz in Ihrem Leben wirkt, um Sie zu regenerieren, müssen Sie paradoxerweise gelegentlich Ihre persönliche Version der Hölle besuchen – einfach um »Hallo« zu sagen und zu erleben, wie sich die Hölle und wie Sie sich verändert haben. Wenn Sie die Sichtweise und Kraft gewinnen, die Ihnen die Transzendenz bietet, werden Sie Ihr altes Selbst und Ihre alte Welt so lange zurückrufen, bis Sie sich vollständig verändert haben.

In diesen Momenten müssen wir uns an eine wichtige Disziplin erinnern, nämlich an die Praxis der Mäßigung. Wenn Sie wütend oder ängstlich werden, sich verstecken wollen oder in sich zusammensinken, lassen Sie dies nur kurz zu und legen Sie einen bestimmten Zeitraum fest. Bei uns zu Hause haben wir die »Tage der geistigen Gesundheit« eingeführt: Tage, an denen wir einfach alles laufen lassen und uns ein bisschen zurücklehnen. Wenn es für Sie praktisch ist – Sie sollten sich aber nicht dazu zwingen –, genießen Sie einen Nachmittag der geistigen Gesundheit. Sobald Sie in unerwünschte Zustände oder Verhaltensmuster verfallen, ohne es zu wollen, setzen Sie solche Zeiten ganz gewissenhaft ein, um sich wieder zurechtzufinden und auf Ihrem Weg in die gewünschte und von Ihnen gestaltete Zukunft zu bleiben.

Keinen neuen Schaden entstehen lassen

Ärzte leisten den hippokratischen Eid, dessen Grundsatzprinzip der ausdrückliche Befehl ist: »Bewahre als Erstes vor Schaden.« Da wir die Ersten sind, die sich um uns selbst kümmern, ist uns gut daran getan, dieses Gebot in unserem eigenen Leben zu befolgen.

Ich möchte ein tiefgreifendes Konzept mit Ihnen teilen, das mir Dr. Frank Miller vorgestellt hat, ein prominenter Psychiater: Lassen Sie keinen neuen Schaden entstehen!

In Zeiten der Veränderung und, offen gesagt, ganz allgemein im Leben haben Sie bereits genug damit zu tun, sich um das zu kümmern, was auf Ihrem Teller liegt. Daher sollten Sie wachsam sein, sich nicht noch mehr aufzuladen bzw. sich in Situationen zu bringen, die zusätzliche Schwierigkeiten in sich bergen.

Beobachten Sie die Menschen in Ihrem Leben, die Ihnen Schwierigkeiten bereiten oder Sie geringschätzig behandeln. Fragen Sie sich in jeder Situation, Interaktion und auch bei einer Gelegenheit: »Welches Potenzial gibt es hier für einen neuen Schaden?«

Eine unschuldige Verabredung mit einem eifersüchtigen Freund aus der Kindheit bietet die Gelegenheit für einen neuen Schaden. Nicht zu frühstücken, wenn Sie Untergewicht haben, bietet eine Gelegenheit für einen neuen Schaden. Ins Kaufhaus zu gehen und darauf zu hoffen, dass Sie keine Käufe auf Kredit tätigen, bietet eine Gelegenheit für einen neuen Schaden.

Bitte sprechen Sie mir nach: Ich lasse keinen neuen Schaden entstehen!

Wenn giftige Abfälle die Umwelt gelangt sind, steht der Schaden für die Bewohner dieser Gegend unmittelbar im Verhältnis zu der Nähe zum Katastrophenort und der Zeitspanne, in der die Bewohner dem Gift ausgesetzt waren. Das Gleiche gilt für verletzende Menschen und Situationen, denen Sie in der Vergangenheit ausgesetzt waren. Je länger Sie mit ihnen zusammen waren und je näher Ihnen diese standen, desto vergifteter sind Sie.

Vergiftung steht im Gegensatz zur Gesundheit. Gesundheit – Ihr voller Krafteinsatz für eine positive Veränderung – ist Ihre Aufgabe. Machen Sie einen Tag lang eine Liste aller neuen Schäden, die Sie vermieden haben, seit Sie mit dem Leitsatz »Ich lasse keinen neuen Schaden entstehen« arbeiten. Sie werden erstaunt sein, wie viele Gelegenheiten zur Verletzung es täglich gibt.

In der Krise gestatten wir es uns manchmal, die Dinge einfach »schleifen zu lassen«. Wenn es jedoch eine Zeit gibt, in der wir uns diesen Luxus einfach nicht leisten können, dann ist es die Krisenzeit.

Es ist nicht in Ordnung, ein Chaos zu verursachen. Wenn das geschehen sollte, müssen Sie aufräumen. Als wir Kaugummi aus dem Süßwarenladen von Herrn Johnson geklaut hatten, gab es einen Grund, warum uns unsere Mütter zurückgehen ließen, damit wir unsere Tat gestanden. Es ist nicht in Ordnung, Mist zu bauen – wenn es jedoch passiert ist, stehen Sie dazu und räumen Sie auf.

Das haben Sie in diesem Kapitel bereits erreicht:

- Sie haben begonnen, eine Gemeinschaft entstehen zu lassen, die Ihnen die Rückmeldung gibt, dass Sie auf hervorragende Weise in Ihrer neuen Welt existieren können.
- Sie öffnen Ihr Leben für jede Art der Unterstützung, die Ihnen das Wissen, die Kraft und die Inspiration verleiht, um diese Krise erfolgreich abzuschließen.
- Sie finden Ihren neuen und einzigartigen Selbstausdruck, eine Stimme in Ihrer Welt und in Ihrem Inne-

ren, die von anderen auf eine konstruktive und transformative Art und Weise gehört und anerkannt wird.

- Sie setzen Ihre Intuition ein, um eine effektive Veränderung zu durchlaufen.
- Sie haben eine Auszeichnung für Ihren Mut erhalten, einen Fuß vor den anderen zu setzen und ins Unbekannte voranzuschreiten.

Betrauern Sie Ihren Verlust und feiern Sie das Ende

Der Verlust ist der Teil des Lebens, der darauf besteht, dass Sie ein authentischeres Selbst und ein authentischeres Leben erschaffen. Etwas zerbricht. Wenn Sie erfolgreich an Ihrem Leben im Alter von fünf, zehn oder fünfzehn Jahren festgehalten hätten, wo wären Sie jetzt? Denken Sie daran, falls Sie der Versuchung erliegen, in die Vergangenheit zu gehen, die es nicht mehr gibt. Sie gestalten Ihr neues Leben. Jetzt.

Nehmen Sie sich einen Augenblick Zeit, um eine Liste zu machen, inwieweit Ihr Leben und die Möglichkeiten in Ihrem Leben durch Ihre Krise verbessert werden. Wenn Ihnen nicht sofort positive Möglichkeiten einfallen, dann erfinden Sie einfach etwas.

Wenn Ihre Krise beispielsweise dadurch verursacht wurde, dass Ihre Ehe in die Brüche gegangen ist, könnte Ihre Liste so aussehen:

- Ich lerne, mich selbst zu lieben.
- Ich treffe neue Menschen.
- Jeder ist nett zu mir.

- Die Türen öffnen sich mir.
- Bei meiner nächsten Beziehung zu einem Mann werde ich auf eine höhere Qualität unseres Zusammenseins achten und diese auch einfordern.
- Ich habe eine bessere Beziehung zu meiner Familie.
- Ich erhalte von engagierten Freunden jede Menge Chancen, neue Erfahrungen zu machen.
- Ich habe endlich die fünf Kilo Übergewicht durch meine Misere-Diät abgenommen.
- Ich finde meinen eigenen Humor.

Vielleicht fügen Sie in Gedanken hinzu: »Wen interessiert das überhaupt?« Es ist jedoch wichtig, sich dieser Dinge bewusst zu sein, denn dadurch beschleunigen Sie den Wandlungsprozess und »verführen« sich dazu, vorwärts zu gehen.

Bitten Sie Ihre Freunde, vielleicht auch Ihren Therapeuten, um Hilfe. Auch die schrecklichsten Tatsachen können ein stärkeres, fähigeres, glücklicheres Ich entstehen lassen. Der erste Schritt besteht darin, dass Sie Ihre Aufmerksamkeit neu ausrichten. Denken Sie daran, dass Sie durch eine Krise einer neuen Welt und einem neuen Ich begegnen und dann die Facetten dieser Veränderungen schätzen lernen.

Ich weiß, wie lächerlich dieser Vorschlag klingt. Wenn Sie die Auswirkungen einer Krise feiern, wird dadurch nicht wieder alles in Ordnung gebracht. Es ist jedoch der einzige Weg, um sich innerlich damit wohl zu fühlen. Sie müssen die Krise überleben und Wege finden, Ihr verändertes Ich an der Erfahrung wachsen zu lassen.

Die Alternative besteht darin, geschädigt zu bleiben, und diese Option ist weder für Sie noch für Ihr Leben akzeptabel. Um einen bleibenden Schaden zu verhindern, könnten Sie beispielsweise Folgendes tun:

- Veranstalten Sie einen Brunch mit dem Thema Arbeitssuche.
- Beginnen Sie ein Tagebuch, in dem Sie die Erfolge in Ihrem neuen Leben festhalten.
- Bitten Sie Ihre Freunde, einen Tag festzulegen, an dem Sie jeder verwöhnt.
- Kleiden Sie das neue Ich ein (bei Geldknappheit ist Secondhand-Kleidung oder etwas aus dem eigenen Kleiderschrank in Ordnung).
- Umgeben Sie sich mit Menschen, die die Person feiern, zu der Sie gerade werden.
- Bitten Sie Freunde darum, einen Tag zu organisieren, an dem Sie sich auf Ihre neue Wirklichkeit vorbereiten.
- Bitten Sie alle Ihre Freunde, Ihnen eine E-Mail zu schicken und zu sagen, was ihnen an Ihrer Veränderung am besten gefällt. (Sie können das Ganze witzig formulieren, damit es Ihnen weniger peinlich ist. »Ich fühle mich wie ein Krabbelkind. Ich versuche, an dieser Erfahrung etwas Gutes zu finden. Ich freue mich sehr über Rückmeldungen, ob mich das zum Besseren verändert hat.«)

Die Möglichkeiten sind endlos.

Wenn das, was Sie verloren haben, für Sie keinen Wert gehabt hätte, wären Sie jetzt nicht in der Krise. Wenn es einen Verlust gibt, setzen wir die unvollendete Trauerarbeit um alle Verluste fort, die wir in unserem Leben erlebt haben. Wir sind nie in der Lage, eine Erfahrung vollständig zu verdauen. Jede Erinnerung oder erneute Verletzung gibt uns die Gelegenheit, den Heilungsprozess unserer Vergangenheit fortzusetzen.

Wenn ein Mensch stirbt, müssen die hinterbliebenen Freunde und die Familie trauern. Was sie jedoch als Erstes tun, ist, sich um die Geschäfte zu kümmern. Die Familie zusammenbringen; die unerledigten Sachen in Ordnung bringen; die Versicherungen prüfen; das Begräbnis vorbereiten; den Nachlass verwalten.

Die Trauer kommt erst, wenn die laufenden Geschäfte erledigt sind, auch wenn der Verlust gleichzeitig empfunden wird. Familien geraten in Schwierigkeiten, wenn sie sich nicht um die Geschäfte kümmern und die neuen und fortlaufenden Anforderungen des Lebens ignorieren.

Wenn Sie sich um Ihr neues Leben kümmern, gestalten Sie erstaunlicherweise den Übergang in Ihr neues Leben bereits viel leichter. Auch wenn Sie das nicht verstehen, reicht eine einfache Veränderung Ihres Verhaltens oft aus, um in Ihrem Leben eine Kaskade von positiven Veränderungen entstehen zu lassen. Weil Sie Ihr Verhalten verändert haben, fangen Sie automatisch an, mit der Krise oder dem Umbruch umzugehen.

Wenn Sie die Übungen in diesem Kapitel gemacht haben, haben Sie für die Sicherheit gesorgt, sich einen Moment Zeit nehmen zu können und diesen Verlust und jeden anderen Verlust, der davor kam, zu betrauern. Schreiben Sie ein Gedicht. Zünden Sie zum Gedenken eine Kerze an. Singen Sie ein trauriges Lied und weinen Sie. Unterhalten Sie sich einen Augenblick lang mit dem alten Ich, mit der Person, die an etwas glaubte, das nicht länger existiert. Es ist in Ordnung, traurig zu sein. Die

Trauer ist ein notwendiges Element der Veränderung. Wenn Sie Trauer so erleben, dass Sie weder in ihr versinken noch sich gegen diese Empfindung wehren, erkennen Sie an, wie wichtig das Vorangegangene war, das vor dem Punkt kam, an dem Sie sich jetzt befinden. Legen Sie Zeiten fest, in denen Sie trauern, und erbitten und empfangen Sie Trost von sich und anderen.

Der Geburtstag meiner Mutter sowie ihr Todestag liegen beide im März. Diese beiden Tage umschließen meinen Geburtstag, den ich wiederum mit meinem Sohn teile. Einen Tag vor uns hat mein Freund Geburtstag. Ich widme jeden März dem Feiern und dem Trauern, dem Trauern und dem Feiern, damit ich erneuert in den April starten kann.

KAPITEL 7

Die drei Sackgassen vermeiden: Grübelei, Schuldzuweisung und Rache

In diesem Kapitel möchte ich Sie bitten, von drei verführerischen mentalen Gewohnheiten abzulassen: Grübelei, Schuldzuweisung und Rache. Ich nenne diese Gewohnheiten »Sackgassen«, weil sie uns in einem Leben gefangen halten, das nicht mehr existiert. Diese Sackgassen sind verführerisch, weil sie die Illusion der Hoffnung bieten. Das Grübeln ermöglicht es Ihnen, die Vergangenheit immer und immer wieder zu durchleben, die alten quälenden Szenarien unterschiedlich enden zu lassen und sie dann miteinander zu vergleichen. Beschuldigungen helfen dabei, einen Verlust auf Distanz zu halten, indem Ihre Aufmerksamkeit und Ihr Vorwurf auf eine Person oder Sache gerichtet sind, die Sie für verantwortlich halten. Durch Rachegedanken erhalten Sie die Phantasie aufrecht, dass derjenige, der Sie verletzt hat, Sie auch wieder ganz machen muss.

Grübeleien, Beschuldigungen und Rache lenken Ihre Aufmerksamkeit jedoch von dem ab, wo sie eigentlich sein sollte – bei der Verbesserung Ihres jetzigen und Ihres zukünftigen Lebens –, und lässt sie in der Vergangenheit wurzeln. Sie und ich werden uns jetzt von diesen drei gefährlichen Belastungen verabschieden, die Ihre Aufmerksamkeit und emotionale Energie verschwenden.

Vergessen – Vergeben – Glaube – Fülle

Bevor wir durch das schmerzhafte Gebiet der drei Sackgassen – Grübelei, Schuldzuweisung und Rache – reisen, wollen wir ein Heilungsexperiment durchführen.

Nehmen Sie sich einen Augenblick Zeit, um sich vorzustellen, dass Sie alles vergessen können, was passiert ist, und den Menschen, Ereignissen oder Naturkräften, die Sie vor allem verletzt haben, vergeben können. Tun Sie so, als ob das Universum, Gott, Ihre innere Weisheit oder woran Sie auch glauben, Sie unterstützen und Sie genau in diesem Augenblick genügend Unterstützung für Ihre eigene Weisheit und Heilung erhalten. Stellen Sie sich vor, wie es Ihnen ginge, wenn all das gegeben wäre.

Wir erleben unsere Verluste immer wieder, bevor wir sie verdaut haben. Jedes Mal, wenn wir uns an einen Verlust erneut erinnern, ist die Erfahrung anders, weil wir anders sind; denn wir haben aus unseren vergangenen Erfahrungen etwas gewonnen. Der Kummer sollte kein Ort sein, den wir bewohnen, auch nicht in unseren schwierigsten Lebensphasen. Kummer sollte ein Ort sein, den wir zeitweise aufsuchen, während wir dafür sorgen, dass die grundlegenden und lebenserhaltenden Aktivitäten weiterlaufen. Phasen der Trauer dienen einem Zweck, aber manchmal werden sie künstlich kurzgehalten.

Egal, zu welchem Typ Sie gehören, es gibt die drei Sackgassen, die uns allen die Krise erschweren: Grübelei, Schuldzuweisung und Rache. Diese Verhaltensweisen halten auf destruktive Art und Weise an der Vergangenheit fest. Wenn Sie neue Energie gewinnen und Ihre Aufmerksamkeit auf die Gegenwart richten wollen, müssen Sie sich aus der Sackgasse befreien.

Schuldzuweisung verstehen

Schauen wir uns als Erstes die Schuldzuweisung und deren Heilerin an – die Vergebung. Bestimmte Dinge sollten nie toleriert werden. Dazu gehören körperlicher und emotionaler Missbrauch. Damit das Opfer jedoch überleben kann, sollte die Energie von dem Ereignis weg auf das ausgerichtet werden, was genau jetzt geschieht. Das Opfer braucht seine Kraft, um zum Sieger zu werden.

Liebe Verleugnungstypen, Vergebung besteht nicht darin vorzugeben, dass nie etwas geschehen ist. Liebe Zorntypen, sie ist auch keine Blutrache. Warum die Energie an jemanden verschwenden, der Sie verletzt hat? Es geht nicht darum, liebe Angsttypen, den Schaden zu akzeptieren. Sie erleiden keinen Schaden, solange Sie sich nicht für ihn entscheiden. Sie können alle Erfahrungen nutzen, um sich dorthin führen zu lassen, wo Sie sein wollen. Und es geht nicht darum, liebe Depressionstypen, sich selbst die Schuld zuzuweisen oder die Verletzung als Ihr Problem zu akzeptieren.

Vergebung wird aus der Erkenntnis geboren, dass Sie die Vergangenheit nur in der Gegenwart heilen können. Vergebung besteht darin, dass Sie sich dafür entscheiden, Ihre Energie zu nutzen und sie wieder auf die Gegenwart sowie Ihre aktuellen Ressourcen und Ziele auszurichten. Wenn Sie an einer Beschuldigung festhalten, egal, ob Sie sich selbst beschuldigen oder jemand anderen, so halten Sie am Schaden fest. Vergebung bedeutet, der Gegenwart

Ihre volle Aufmerksamkeit zu schenken. Wenn Sie vergeben, lassen Sie nicht zu, dass ein anderer Mensch oder eine Situation Macht über Sie erlangt. Es geht darum, dass Sie sich selbst wichtiger nehmen als irgendetwas, das Ihnen angetan wurde.

Natürlich sind Sie die Person, der Sie am schwersten vergeben können. Selbst wenn Sie eindeutig das Opfer sind, gibt es immer ein Element der Selbstbeschuldigung, das Sie zuerst verletzlich macht. Weder Schuldzuweisungen noch Schuldgefühle sind vernünftig, weil sie nichts bringen. Sie helfen Ihnen nicht dabei, in Ihrem Leben voranzukommen. Sie können die Vergangenheit nicht revidieren, indem Sie in der Vergangenheit verweilen. Sie erleben die Illusion der Macht: die Macht, recht zu haben und die Macht unserer Emotionen. Wenn Sie die Schuld und die Beschuldigungen loslassen, bleibt der Schaden übrig. Genauso müssen Sie jedoch handeln.

Sie vergeben nicht, weil es das Richtige ist, sondern weil es die einzige Möglichkeit ist, dass die alte Situation nicht den Platz in Ihrem Leben einnimmt, den eigentlich Ihr neues Körper-Arbeits-Beziehungs-Leben ausfüllen sollte. So leer sich das Leben manchmal auch anfühlen mag – es ist immer voller Fülle. Für wahrhaft neue und authentische Menschen und Erfahrungen in Ihrem Leben gibt es keinen Platz, wenn Sie das Alte nicht loslassen. Dieses Wissen allein reicht bereits aus, um Ihnen bei dem schwierigen Prozess der Vergebung zu helfen.

In jedem Bereich, in dem Sie Schwierigkeiten haben zu vergeben, sollten Sie den Platz in Ihrem Leben erkennen, den die alte Situation oder Person einnimmt. Sind Sie bereit, etwas Wunderbares, Authentisches und Echtes für diese Verbindung zur Vergangenheit aufzuge ben? So könnte beispielsweise der Ärger über Ihren Vater den Raum füllen, der jedoch ebenso gut von guten, hilfsbereiten Menschen erfüllt sein könnte, die an Sie glauben und Sie auf die Art und Weise unterstützen, wie Ihre Familie das hätte tun sollen. Wenn Sie Ihre Schwester für Ihr schlechtes Benehmen beschuldigen, füllen Sie einen Raum, den Sie sonst mit Verständnis füllen könnten. Wenn Sie Ihrem Expartner nicht vergeben können, ist Ihre wichtigste Beziehung die zu Ihrem Expartner. Wollen Sie das? Würden Sie es nicht lieber mit jemand Neuem versuchen, der Ihre Bedürfnisse erfüllen kann? Wenn Sie dem Leben, Gott, Ihrem Arbeitgeber und so weiter nicht vergeben können, schneiden Sie sich von Ihrer Möglichkeit ab, eine authentische Veränderung zu vollziehen.

Wenn Sie vergeben, bedeutet dies nicht, dass Sie das verletzende Verhalten, die Person oder das Ereignis entschuldigen. Sie weigern sich nur einfach, diesen Personen oder Ereignissen einen Raum in Ihrem Leben zuzugestehen. Menschen sind zäh, damit sie überleben und gedeihen können. Wenn Sie sich bewusst machen, dass Sie der Verlierer sind, wenn Sie Ihre Vergebung zurückhalten, dann wird Sie das zur Vergebung führen. Sie werden das Messer in Ihrem Rücken nicht mehr finden, weil Sie vergeben haben. Sie haben sich Ihre Wachstumschance gesichert, ohne den Schaden zu wiederholen.

Um zu vergeben, müssen Sie sich selbst gegenüber anerkennen, dass Sie das Gefühl haben, etwas verloren zu haben, und anerkennen, dass sich das Gefühl des Verlustes nur fortsetzt, wenn Sie an diesen Gefühlen weiter festhalten. Vergebung löst das Gefühl des Verlustes auf und befreit die Energie, die durch die Beschuldigungen gefangen war. Vergebung befreit Sie und gibt Ihnen Kraft.

Schreiben Sie doch einmal auf, wie Ihre Vergebung aussehen könnte und wie Sie die gewonnene Energie nutzen würden.

Hier sind einige Beispiele:

- Ich erkenne an, dass mich die Welt im Stich gelassen hat. Ich habe einen tollen Universitätsabschluss und habe mich nach Arbeit umgesehen, aber ich bin immer noch arbeitslos. Ich vergebe der Situation, und ich entscheide mich, die von mir freigesetzte Energie zu nutzen, um den für mich perfekten Job zu finden und mich die Veränderungen vornehmen zu lassen, die dies ermöglichen.

Oder:
- Ich vergebe meinem Vater. Ich nehme die Macht zurück, die er benutzte, damit ich mich klein fühlte, und setze diese Macht ein, um mir selber Kraft zu geben.

Oder:
- Ich vergebe meinem Arbeitgeber, dass er mich entlassen hat, und entscheide mich, diese Energie zu nutzen, um die Arbeitsstelle zu finden, die ich wirklich will.

Oder:
- Ich vergebe mir dafür, dass ich mich wieder einmal von einem Partner habe zum Narren halten und verletzen lassen, und ich entscheide mich, diese Energie zu nutzen, um mich zu lieben, sodass mich nur Menschen erreichen können, die mir Gutes tun wollen.

Oder:

- Ich vergebe Gott (oder dem Universum oder dem inneren Gott), dass er diesen geliebten Menschen von mir genommen hat. Ich werde diese Energie zurückgewinnen, damit ich wieder lieben kann.

Denken Sie an die alte Formulierung »Vergeben und Vergessen«. Um loszulassen, müssen Sie vergeben. Sie brauchen diese Hände, um bauen, trösten, lieben und ein wunderbares neues Leben erschaffen und es meistern zu können. Wenn Sie nicht vergeben, bleiben Sie in einer Vergangenheit stecken, die Ihnen nicht länger dient.

Grübelei verstehen

Es ist etwas Natürliches, zurückgehen und etwas Geschehenes verändern zu wollen – was Sie gesagt haben, wie Sie sich gefühlt haben oder jemand anderen haben fühlen lassen. Grübelei ist jedoch die ohnmächtige Sehnsucht nach Heilung.

Grübeln ist mein persönlicher Favorit: die geistige Reise von »würde«, »sollte« und »könnte«, von »was wäre, wenn« und »wenn doch nur«. Grübeleien sind eine ständige Phantasie, es sind Zeitreisen zu überarbeiteten Situationen und Ergebnissen, die es nie geben wird. Grübelei ist Selbstverletzung. Sie nehmen Ihre Energie aus der Gegenwart und bewahren sie an einem Ort auf, an dem Sie keine Kraft haben, sondern über die Vergangenheit nachdenken. Sie sind der Regisseur Ihres eigenen Films, den niemand jemals sehen wird. Grübeln ist insofern nützlich, als dass Sie sich entschuldigen und sich von den echten, greifbaren, energiefressenden Unannehmlichkeiten der Gegenwart zurückziehen. Die Grübelei hält Sie in einer vertrauten Umgebung: Ihrer Vergangenheit, Ihrer Phantasie und der Illusion der Sicherheit, die das Leben bieten kann, das in Ihrem eigenen Kopf in Quarantäne sitzt.

Wenn Sie eine einfache Technik, den telepathischen Dialog, einsetzen, können Sie die Dynamik eines Ereignisses verändern. Diese Technik funktioniert, wenn etwas in der Vergangenheit, der Gegenwart oder der Zukunft geheilt werden soll. Sie werden oft feststellen, dass die Person oder die Menschen, mit denen Sie im Dialog stehen, tatsächlich ihre Haltung ändern oder Sie sogar kontaktieren, um das Gespräch fortzusetzen, das Sie intuitiv aus der Entfernung geführt haben.

Ich hatte einmal eine Workshop-Teilnehmerin, bei der Lungenkrebs im Frühstadium diagnostiziert worden war. Sie hatte nie geraucht. Sie arbeitete nicht in einem Beruf mit Umweltbelastungen. In ihrer Familie gab es keine Krebserkrankungen, und trotzdem saß sie da – mit Lungenkrebs.

Als ich sie sah, war ihre ganze Energie darauf ausgerichtet, einen Grund zu finden, *warum* das geschehen war. Was hatte sie getan? Was hätte sie ändern können? Sie hatte ein Buch gelesen, in dem stand, dass es bei Lungenkrebs um ungelösten Kummer geht. Wie könnte sie sich das selbst angetan haben? War es, weil ihre Mutter die Familie verlassen hatte? War ihre Mutter schuld? Wäre sie jetzt gesund, wenn ihre Mutter geblieben wäre? Wenn sie in Therapie gegangen wäre und ihren Kummer aufgelöst hätte, hätte sie dann diese Krise vermeiden können?

Ihre gesamte Energie war auf diese Gedanken ausgerichtet, sodass ihr keine Konzentration und Energie mehr für die folgenden Dinge blieben: Sie setzte keinen Operationstermin an, der ihr, auch wenn er unangenehm war, eine gute Chance gäbe, am Leben zu bleiben. Sie informierte sich nicht über Alternativtherapien, um das Problem anzugehen. Sie fand keine Gemeinschaft, die sie durch den Prozess führte. Sie untersuchte ihre Lebensstrukturen nicht auf eine Art und Weise, die den Heilungsprozess so sanft wie möglich gestaltet hätte. All diese Möglichkeiten, durch die sie die Krise zu einer kurzen, unangenehmen Episode hätte machen können, wurden ihrer Grübelei geopfert.

Sie kam zum Workshop, um geheilt zu werden. Ihr Partner legte die Hände auf. Diese Methode ist auch als mediales Heilen bekannt. Nach der Heilung fragte die Teilnehmerin ihren Partner: »Glaubst du, dass ich geheilt bin?« Ihr Partner hatte keine Antwort darauf und sie war so bestürzt, dass es zu einer Diskussion in der Gruppe kam. Wir drängten sie, mit der »irdischen Realität« umzugehen, mit den praktischen Fakten ihrer Situation. Wir rieten ihr, Informationen zu sammeln und alles Mögliche zu versuchen – Heilung, Therapie, Operation, Unterstützung –, sich selbst die besten Heilungschancen zu geben, damit ihr Leben zu dem Leben würde, das sie sich wünschte. Wir wiesen sie darauf hin, dass sie sich nicht mit der Wut und dem Kummer befasste, die diese Situation mit sich brachte, und dass dies der Grund sein könnte, warum sie nie eine längere Beziehung gehabt oder sich für eine befriedigende Karriere engagiert hatte. Wir betonten, dass sie eine Chance hatte, falls sie sich mit diesen Themen befasste, sich operieren ließ, bevor sich der Krebs ausbreitete, ein Leben beginnen konnte, das sie sich immer gewünscht, aber bisher nicht für sich erschaffen hatte. Die Menschen boten ihr an, für sie zu recherchieren oder die Stimme am anderen Ende des Telefons zu sein. Eine reizende ältere Dame bot ihr sogar an, nach der Operation bei ihr zu bleiben, um sie zu pflegen. Die Teilnehmerin bedankte sich für die Unterstützung und fragte dann: »Glauben Sie, dass ich geheilt bin?«

Ich wünschte, ich hätte einen Nachtrag zu dieser Geschichte. Ich habe diese Frau nie wiedergesehen oder von ihr gehört. Ich folge den Menschen grundsätzlich nicht, es sei denn, dass ich von ihnen darum gebeten werde. Ich hoffe, dass diese Frau genügend Unterstützung und Führung durch den Workshop erhielt, um sofort und angemessen zu handeln, aber ich habe Zweifel, dass dies der Fall war. Ich vermute, dass sie in ihren Gedanken verweilte, bis der Krebs sich ausgebreitet hatte und sie wirklich starke Schmerzen litt – die Art von Schmerz, die einen in die Gegenwart zwingt. Traurigerweise wären ihre Aussichten zu diesem Zeitpunkt wahrscheinlich nicht mehr sehr gut gewesen.

Es erfordert Disziplin, um mit der Grübelei umzugehen. Es hat etwas Tröstliches, an einen Ort zurückzukehren, den wir kennen, selbst wenn es ein schmerzvoller Ort ist. Er gestattet uns, nicht mit einer Gegenwart umzugehen, von der wir uns herausgefordert fühlen, und in eine Zukunft zu blicken, die uns fremd ist. Sie können und müssen mit dem Sog der Vergangenheit umgehen lernen, indem Sie Ihre Energie bewusst auf die Gegenwart ausrichten. Dieser Fokus muss aktiv sein und ins Detail gehen. Jedes Mal, wenn Sie sich dabei beobachten, dass Sie wieder ins Grübeln verfallen, suchen Sie sich etwas zu tun – machen Sie Kaffee, bezahlen Sie eine Rechnung, duschen Sie –, tun Sie irgendetwas, um sich wieder in die Gegenwart zu versetzen. Lenken Sie die wohltuende Eigenschaft der Phantasie nicht auf die Vergangenheit, sondern auf die Zukunft. Schaffen Sie sich Phantasien, die Ihre Vergangenheit ausschließen, aber voller Hoffnung, tröstend und motivierend sind.

Die folgenden Aktivitäten werden Ihnen dabei helfen:

* Malen Sie ein Bild von Ihrem Wunsch, der wahr geworden ist. Wenn Sie damit fertig sind, betrachten Sie das Bild und schreiben Sie Ihre Eindrücke auf. Wenn Sie mit dieser Technik arbeiten, werden Sie viele nützliche Informationen aus Ihrem Unterbewusstsein und Ihrer Intuition erhalten. Vielleicht möchten Sie dieses Bild sogar einem Freund oder einer Freundin zeigen und sie fragen, was ihnen daran auffällt. Lassen Sie zu, dass Sie und Ihr Leben genau in diesem Moment für Sie interessant und unwiderstehlich sind.

* Unterhalten Sie sich mit der Person, die Sie in einem Jahr sein werden. Seien Sie wirklich sich selbst – heute in einem Jahr. Tun Sie so, als hätte alles im Leben einfach prima geklappt. Lassen Sie Ihr zukünftiges Selbst Ihrem gegenwärtigen Selbst erzählen, wie es Ihnen geht, und zwar mit vielen spannenden Details. Ich schreibe all das liebend gerne auf, es ist wie ein Drehbuch, aber Sie können auch einfach die Augen schließen und es mündlich tun.

* Wenn Sie die Vergangenheit besuchen müssen, tun Sie dies nur kurz und innerhalb einer festgelegten Zeitspanne.

* Die Teilnehmer meiner Workshops haben mit einer Paarübung eine sehr interessante Erfahrung gemacht.

Dabei wird einer der Teilnehmer zur der Person oder Situation, mit der der andere sprechen möchte. Oft wählen die Teilnehmer jemanden, von dem sie lange nichts gehört haben oder mit dem sie sich nicht unterhalten können, ohne sich zu streiten. Meistens ruft dieser Mensch innerhalb einiger Wochen an, um den Dialog, den Sie während des intuitiven Dialogs mit ihm begonnen haben (was er nicht weiß), wieder aufzunehmen.

Die Grübelei bringt Sie an einen Ort zurück, der nicht mehr existiert und nicht mehr neu erschaffen werden kann. Sie können die Vergangenheit nur in der Gegenwart heilen. Hier können Ihre Kraft, Inspiration und Heilung Wunder wirken und das richtigstellen, was in der Vergangenheit falsch gelaufen ist.

Rache verstehen

Die Samen der Rache sind die Samen der Heilung. Sie sind der Wunsch, durch ein gerechtes Ergebnis wieder ganz zu werden. Die Phantasie, Verletzungen zurückzuzahlen und Verluste zu kompensieren, gibt uns das Gefühl, mächtig und wieder ganz zu sein. Ich habe Menschen erlebt, die bei einem Ehepartner oder Arbeitgeber, der ihnen Unrecht getan hatte, auf Rache bestanden haben. Ich habe auch Menschen erlebt, die sich weigerten, irgendetwas Gutes im Leben zu erschaffen. Dies war ihr Racheschlag gegen einen Gott oder das Universum, von dem sie sich betrogen fühlen. Eine Krise wird oft von unverdaulicher Gerechtigkeit begleitet. An einem bestimmten Punkt müssen Sie und Ihr Überleben, Ihr Erfolg und Ihre Freude jedoch wichtiger sein als die Person oder die Umstände, durch die sie ins Unrecht geraten sind. Je weiter Sie sich von den Ungerechtigkeiten im Leben entfernen, desto mehr Kraft werden Sie haben, das zu erschaffen, was für Sie wirklich bedeutungsvoll ist.

Wenn ich das sage, beziehe ich mich nicht auf die Ungerechtigkeiten, die wir erleben, wenn wir verpflichtet sind, anderen zu helfen. Diese haben ihren Grund und stehen jenseits unseres Bemühens, wieder ganz zu werden. Ich spreche hier von diesen zutiefst persönlichen, selten zu gewinnenden Kämpfen, bei denen wir versuchen, ein Stück unserer selbst aus einer Situation wiederzugewinnen, in der wir einen Schaden davongetragen haben. Mit der Rache verhält es sich so, wie die Italiener es in dem folgenden Ausspruch formulieren: »*Vendetta e un piatto che va mangiato freddo*« (Rache ist ein Gericht, das am besten kalt genossen wird). Mit anderen Worten, wenn Sie unter dem Feuer der Verletzung handeln, können Sie nur *sich selbst* schaden.

Ihr Racheversuch ist wirkungslos. Erst wenn der Verstand wieder zurückkehrt, können Sie Ihre Mittel effektiv einsetzen, um jemandem Schaden zuzufügen, obwohl es aus der zu einem späteren Zeitpunkt gewonnenen Distanz unwahrscheinlich ist, dass Sie Ihre Energie wirklich so einsetzen wollen. Sie können sich sehr einfach davon überzeugen, dass Rache zwecklos ist, wenn Sie sich bewusst werden, dass Sie sich selbst weitaus mehr Schaden zufügen als jemandem anderen, wenn Sie sich in einem hitzigen Moment einen Racheschlag wünschen. Lassen Sie Ihre Rachegedanken in den Hintergrund treten, während Sie ruhig, kraftvoll und objektiv werden. Wenn es Ihnen dann immer noch wichtig ist, werden Sie Ihre Rache nehmen.

Wenn Sie sich erst einmal beruhigt haben, können Sie die Dinge tun, die Ihnen dabei helfen, Ihren Ärger zu verarbeiten (siehe Empfehlungen für den Zorntyp) und effektiv handeln, um Ihr neues Leben zu erschaffen.

Hier sind einige Dinge, die Sie tun können, wenn Sie das Verlangen nach Rache überwältigt:

- Untersuchen Sie ihre Rachephantasie. Fragen Sie sich, was Sie davon hätten, abgesehen von der Befriedigung, die andere Person zahlen zu sehen. Sie sollten Folgendes wissen: Solange Sie auf die Reaktion der anderen Person fixiert sind, müssen Sie nicht nur lange warten, sondern haben auch nicht die Möglichkeit, aktiv zu werden und sich diesen Ausgleich auf andere Art und Weise zu holen. Mit anderen Worten: Sie lassen die Macht beim anderen und verhindern dadurch, dass Ihre Bedürfnisse befriedigt werden. Konzentrieren Sie sich jetzt auf all Ihre wütende Energie, tun Sie so, als ob es den anderen nicht gibt und sorgen Sie dafür, dass Ihre Bedürfnisse auf andere Weise gestillt werden. Schreiben Sie eine Liste, wie dies geschehen könnte.

- Feiern Sie eine Beerdigung. Laden Sie einige enge Freunde ein und begraben Sie die Person oder Situation (natürlich bildlich – oh, wenn doch nur ...) in all ihrer Bosheit. Halten Sie eine Lobrede, sprechen Sie, so lange Sie wollen, und lassen Sie sich von den Dingen überraschen, die da aus Ihrem Mund kommen. Nehmen Sie sich einige Minuten Zeit, um den Verlust zu beklagen, sprechen Sie über die Person, die Sie jetzt geworden sind (positiv; als hätten Sie Ihr Ziel bereits erreicht), und veranstalten Sie ein kleines Fest. Ich habe dieses Ritual, das ich Begräbnis und Hochzeit

nenne, zahllose Male in meinen Workshops durchgeführt. Es ist befriedigend, reinigend und heilend.

- Legen Sie ein Kissen vor sich hin und lassen Sie das
  Kissen die Person oder Situation sein, an der Sie sich
  rächen wollen. Schreien Sie die Person an. Sagen Sie
  ihr, was Sie denken und dass Sie jetzt Ihre Macht zurücknehmen. Lassen Sie die Person wissen, dass sie
  Ihnen Ihre Macht nicht mehr nehmen kann und teilen
  Sie ihr mit, was Sie tun werden. Tun Sie das, bis Sie
  weinen, lachen oder eine andere befreiende emotionale Reaktion zum Ausdruck bringen, die Sie friedlich
  werden lässt.

- Erstellen Sie eine Liste der Dinge, die Ihnen die betreffende Person oder Situation genommen hat. Sehen
  Sie in Ihrer Phantasie die Person vor sich (falls Sie die
  Dinge nicht visualisieren, dann spüren Sie diese einfach
  oder nehmen sie auf eine andere Weise wahr), greifen
  Sie nach ihr und holen Sie sich die gestohlenen Dinge
  eines nach dem anderen zurück. Lassen Sie die Person
  wissen, dass sie diese Dinge jetzt nicht mehr besitzt.

- Mit diesen Hilfsmitteln können Sie arbeiten, wenn Sie
  an Rache zu denken beginnen.

- Wenn Sie Ihre Energie zurückholen, ist es interessant,
  wie die anderen Menschen reagieren. Wir sind energetisch mit den Menschen und Erfahrungen aus unserer
  Vergangenheit verbunden. Wenn Sie die Verbindung
  auflösen und das zurücknehmen, was Ihnen gehört,
  hält die Magie Einzug in Ihr Leben.

- Die beste Rache besteht darin, gut zu leben.

Mit Schuldzuweisungen, Grübeleien und Rachegedanken verankern Sie sich in der vertrauten Vergangenheit.

Alle Verluste werden von dem Gefühl begleitet, verraten worden zu sein. Vielleicht haben Sie sich selbst verraten, indem Sie zugelassen haben, dass eine schlimme Situation weiter andauert, Sie Macht abgegeben haben oder dass Sie eine schlechte Gewohnheit beibehalten haben. Jetzt haben Sie erkannt, dass Ihnen das Leben auf diese Weise gestohlen wurde. Vielleicht sind Sie von Ihrem eigenen Wachstum betrogen worden. Sie haben möglicherweise kein Verlangen mehr nach den Dingen, Menschen oder Situationen, von denen Sie geglaubt hatten, dass Sie sie für immer und ewig wertschätzen würden. Vielleicht sind Sie von einer Person betrogen worden, von Ihrem Körper (durch Krankheit), Ihrer Firma, Ihrer Gesellschaft oder Gemeinschaft oder sogar von Ihrer Vorstellung von Gott. Die Gesetze, nach denen Sie gelebt haben, wurden verändert, entweder durch ein Ereignis oder durch Ihr Bewusstsein, und Sie vertrauen ihnen nicht mehr.

Wenn Sie betrogen worden sind, müssen Sie eine neue Kraftquelle in der Welt finden, die zu Ihrer Selbstwahrnehmung und Ihrem Glauben passt. Beginnen Sie mit Ihrer Interaktion mit der Welt, den Details und der »irdischen Realität«, in der Sie sich befinden. Die Resultate aus dieser neuen Kraftquelle geben Ihnen die echte und konkrete Rückmeldung, dass Sie Ihre Situation erschaffen können. Sie sind nämlich nicht verloren, sondern nur zeitweilig am falschen Platz. Sie können neue und angemessenere Glaubenssätze finden. Sie werden feststellen, dass Sie sich nicht selbst verloren haben, sondern dass Sie zu einem Selbst geworden sind, das kreativ und kraftvoll in seiner neuen Welt funktionieren kann. Am wichtigsten ist es, dass die Welt um Sie herum auf Ihr Handeln ermutigend reagiert.

Dies bedeutet nicht, dass sich alles um Sie herum auf magische Art und Weise ordnet. Laufen lernen bedeutet hinfallen, wieder aufstehen, sich den Staub abklopfen und die Entschlossenheit zu besitzen, es nochmals zu versuchen. Verurteilen Sie Ihre Bemühungen nicht. Die Zeit und Energie, die Sie damit verbringen, sich zu verurteilen, können Sie besser einsetzen und sich auf den nächsten Schritt konzentrieren. Fehlschläge sind ein Hinweis, dass ein Erfolg bevorsteht; sie beweisen, dass wir es versuchen.

Der depressive Mensch oder Denker wird sich fragen: »Warum gibst du dir überhaupt die Mühe, es zu versuchen, wenn du doch bloß wieder verraten wirst?« Ich sage Ihnen, warum: Sie haben keine Wahl. Es ist notwendig, an die Strukturen zu glauben, mit denen Sie arbeiten, damit Sie sie benutzen können. Ja, einige dieser Strukturen werden Sie letztendlich verraten, da Sie schließlich über einige von ihnen hinauswachsen werden. Wer auch immer gesagt haben mag, dass etwas perfekt sein muss, um glaubwürdig zu sein, war ein Verleugnungstyp. Nichts ist perfekt, es sei denn, Sie akzeptieren es als solches.

»*Che si accontenta gode*«, sagen die Italiener: »Wer sich mit etwas zufriedengibt, genießt«. Verrat ist ein Bestandteil der unvollkommenen Vollkommenheit des Lebens. Erfreuen Sie sich an dem, was in seiner unvollkommenen Art für Sie einfach akzeptabel ist. Der Zorntyp wird sagen: »Das ist nicht fair, und ich akzeptiere es nicht.« Nicht zu akzeptieren, was zur Verfügung steht – und das ist viel –, bedeutet, sich ins eigene Fleisch zu schneiden.

Ihre einzige Wahl besteht darin, zu bestimmen, wie Sie in der wirklichen Welt leben und was Sie erschaffen wollen. Die ängstlichen Menschen fragen, wie man mit der

Angst vor der Unvollkommenheit umgeht. Sie müssen die Angst mit sich selbst konfrontieren. Wenn die Unvollkommenheit einmal in Ihre Wirklichkeit integriert wurde, ist sie einfach etwas, das sich in eine fruchtbare und freudvolle Existenz eingliedert.

Wie sollen wir mit Verrat umgehen? Wir erkennen, dass er ein notwendiger Bestandteil ist, wenn wir in die Freude, Kreativität und Erfüllung hineinwachsen. Wir können nicht dieselben bleiben und dabei wachsen und gedeihen. Das ist nichts und niemandem möglich. Keinem Ozean, keinem Menschen, keiner Beziehung, keiner Firma, keiner Gesellschaft.

Das größte Geschenk des Verrats besteht darin, authentisch zu sein. So schwer dies zu begreifen ist, wenn Sie betrogen werden – doch was für Sie übrig bleibt, ist der Beginn dessen, was Sie wirklich sind: der Glaube an sich selbst und dass Sie sich auf Ihre innere Stärke, Intuition, Urteilskraft und Entscheidung verlassen können. Sie können in jeder Lebens- und Wachstumsphase das Selbst sein, das Sie wirklich sein möchten, und Ihre Bedürfnisse können angemessen erfüllt werden. Wollen Sie wirklich gerne noch aus einem Babyfläschchen trinken, überall hingetragen werden oder Windeln anhaben? Und doch wurde das Entfernen all dieser Dinge als Verrat angesehen. Was haben Sie gelernt? Sie haben gelernt, dass Sie Ihre Bedürfnisse ohne fremde Hilfe befriedigen können.

Ja, ich wünschte, meine Mutter hätte über die vier Kinder nachgedacht, die sie zurückließ, als sie sich umbrachte. Ich wünschte, mein kritischer, perfektionistischer Vater hätte mir dabei geholfen, mich als etwas Wertvolles und Besonderes wahrzunehmen. Ich wünschte, mein Ehemann hätte seine finanziellen Versprechen gehalten.

Ich habe im Augenblick jedoch Freunde und eine Familie, die mich mehr bemuttern, als ich manchmal ertragen kann; es gibt jede Menge Dinge und Menschen in meinem Leben, die mir das Gefühl geben, etwas Besonderes zu sein (dazu gehört auch mein Vater), und ich habe einen Job, mit dem ich gut für meine Familie sorgen kann. Ich wollte nichts aufgeben, das ich aus diesem Verrat erschaffen habe, damit ich die ursprüngliche Erfahrung anders hätte leben können.

Sie werden Ihre Bedürfnisse in der Vergangenheit nicht erfüllt bekommen. Ich kann meine Mutter ohne Sehnsucht lieben, meinem Vater für das dankbar sein, was er zu geben bereit ist, und anerkennen, dass mir meine Vergangenheit dabei geholfen hat, einen liebevollen Mann zu finden, der mir Bestätigung gibt. Ich kann anerkennen, dass mir meine finanziellen Bedürfnisse eines der wichtigsten Dinge in meinem Leben geschenkt haben – meine Karriere. Geben Sie sich selbst mehr Bedeutung als den Menschen und Situationen, die Sie hinter sich gelassen haben oder die Sie verlassen haben.

Wenn Sie etwas erschaffen, anstatt auf etwas zu reagieren, wird Ihnen sicherlich auf eine klare, spezifische und realistische Art und Weise bewusst, was Sie verloren haben. Und noch einmal: Zu allen Veränderungen gehören Verluste. Selbst wenn Sie etwas verloren haben, das Sie verlieren wollten – Gewicht, eine schlechte Gewohnheit, einen schlechten Job, eine schwierige Partnerschaft –, dieses Etwas hat Sie definiert. Ihr neues Selbst kann dieses Etwas mit einer immer größeren Objektivität auswerten. Objektivität und Realität können schmerzhaft sein, aber dieses sachliche Paar bildet eine solide Grundlage, auf der Sie Ihre Träume aufbauen können.

Fragen Sie sich jetzt, was Ihnen das Gefühl gibt, das zu haben, was Sie brauchen. Wie sähe dieses geheilte Bild von Ihnen aus? Strengen Sie sich an, um dieses Bild zu erschaffen. Malen Sie es, sprechen Sie es, tanzen Sie es oder bitten Sie jemanden, Ihnen bei der Gestaltung zu helfen. Nehmen Sie sich Zeit, es zu verkörpern und so zu tun, als ob es bereits Wirklichkeit wäre, damit Ihnen Ihre Intuition dabei helfen kann, die nötigen Ressourcen zu finden.

Das Schwierige an einer Krise ist, dass Sie selten üben können, die Krise erfolgreich zu meistern.

Wie wir bereits erörtert haben, neigen die Menschen je nach Typ dazu, auf bestimmte Weise auf eine Krise zu reagieren. Die Ärgermenschen kochen über und explodieren. Die Depressionsmenschen geben auf. Die Angstmenschen erstarren oder verwickeln sich in hektische, irrationale Aktivitäten, während die Verleugnungsmenschen das Problem ignorieren, bis es solch gigantische Ausmaße annimmt, dass es alles in ihrem Leben zu beherrschen droht.

Wenn Sie wollen, spielen Sie die Dinge im Kopf durch und arbeiten Sie sie bereits vor der Krise aus. Firmen, die sich auf unterschiedliche Zukunftssituationen vorbereiten, arbeiten mit einer Technik, die Planspiel genannt wird.

Stellen Sie sich die folgende Situation vor: Sie sind gerade entlassen worden, wurden von Ihrem Ehepartner verlassen oder bei Ihnen wurde eine Krankheit festgestellt. Wie fühlen Sie sich? Was werden Sie tun? Was ist Ihre unmittelbare Reaktion? Was wissen Sie darüber, wie Ihre Reaktion aussehen sollte? Durchlaufen Sie die Krise bis zum Ende. Machen Sie das so schnell wie möglich; in nur einer Minute.

Jetzt gehen Sie in derselben Krise methodisch vor. Setzen Sie das ein, was Sie bisher in diesem Buch gelernt haben. Was könnten Sie anders machen? Welche Wahlmöglichkeiten stehen Ihnen offen? Wer kann helfen? Was müssen Sie über sich selbst wissen, um diese Krise zu überleben? Wie würde sich das Ergebnis verändern?

Stellen Sie sich Krisenszenarien vor, in denen Sie überleben und gedeihen. Ihr Intellekt und Ihre Intuition werden gefordert, um Lösungen zu erdenken, bevor Probleme auftauchen.

Das Planspiel kann in ein anderes Spiel verwandelt werden. Ich habe einmal ein Spiel gespielt, das bis zur Geburt meines Sohnes zurückging. Ich nenne es Zeitreisespiel. Wenn ich in der Zeit zurückgehen könnte und wüsste, was ich jetzt weiß – was würde ich verändern?

Natürlich würde ich in meinen frühen Phantasien meine Mutter retten, die alten Märchenbücher meiner Großmutter zurückholen, die unfreundliche Direktorin meiner Grundschule zur Rede stellen und so weiter. Mittlerweile bin ich jedoch viel zu praktisch und geerdet, um zu glauben, dass ich etwas Wertvolles erhalten würde, wenn ich die Verluste veränderte. Was wäre passiert, wenn ich meine Mutter gerettet hätte und sie weiterhin versucht hätte, sich umzubringen? Das hätte sie sicherlich getan, und ich hätte meine ganze Energie und Zeit weiter dafür eingesetzt, für sie zu sorgen. Was wäre passiert, wenn ich meine Direktorin mit meiner Meinung über sie konfrontiert hätte und von meiner schönen Privatschule entlassen worden wäre?

Und wenn ich dieses Spiel hätte weiterspielen können, als mein Sohn geboren wurde? Ich hätte kein einziges Detail an ihm verändert. Wenn ich ein anderes Leben gelebt hätte, wäre er ein anderer Mensch. Es gibt keine Veränderung an ihm, die ich nicht vermissen würde. Und wenn ich das so sage, war doch das einzige Ereignis, das mich in die längste Krise meines Lebens stürzte, die Geburt meines Sohnes. In dieser Zeit war ich auf jede Art und Weise unzureichend gerüstet. Trotzdem schaue ich ihn oft an und wundere mich, wie ich jemals in einer Welt leben konnte, in der es ihn nicht gab. Ich würde jeden schmerzlichen Augenblick in meiner Vergangenheit erneut durchleben, um jetzt mit ihm zusammen zu sein.

Die Grübelei maskiert sich manchmal als Innenschau

Im letzten Jahrhundert vertraten neue Disziplinen wie Psychologie, Psychiatrie und Psychoanalyse die Meinung, dass wir unseren Heilungsprozess nur beginnen können, wenn wir unsere Probleme oder Krisen verstehen. Ich möchte den ketzerischen Vorschlag machen, dass der Versuch, traumatische Ereignisse zu verstehen, so lange aufgeschoben werden sollte, bis der Heilungsprozess wirklich im Gange ist. Vielleicht sollte dieser Versuch sogar auf unbestimmte Zeit verschoben werden.

Wenn unser Leben von großen Krisen erschüttert wird, ist es ganz natürlich, verstehen zu wollen, was diese Ereignisse ausgelöst hat. Aber in der Eile und im Lärm des Lebens ist diese Anstrengung, etwas zu verstehen, im Wesentlichen Zeitverschwendung. Zuerst einmal ist ein solches Verstehen in »Echtzeit« letztendlich unmöglich. Wir brauchen Distanz und eine Perspektive, um die wichtigsten Ereignisse in unserem Leben zu verstehen. Weiterhin benötigen Sie für die Bewältigung Ihrer Krise all Ihre mentalen, emotionalen und sonstigen Ressourcen, um sich um Ihre Angelegenheiten zu kümmern.

Was Sie getan hätten, getan haben sollten und getan haben könnten, wird Ihnen im Augenblick nicht helfen. Das Leben, das Sie jetzt leben, basiert vielleicht nicht auf dem Leben, das Sie verloren haben, oder auf den Ressourcen des Lebens, das Sie haben *werden*. Was Sie jetzt tun können, ist, ein Verständnis dessen zu entwickeln, wo Sie sich heute befinden. Setzen Sie Ihre Energie und Ihren Einfallsreichtum für das ein, was Sie jetzt haben.

Einer der größten Fehler, den Sie angesichts einer radikalen Veränderung machen können, besteht darin, dass Sie Ihr Handeln aufschieben, bis Sie vollkommen in der Lage sind, Ihre Situationen und Optionen zu bewerten. Wenn Sie im Augenblick und mit den Werkzeugen des Augenblicks handeln, können Sie sofort auf die Ganzheit zusteuern. Wenn Sie über Ihre Vergangenheit nachgrübeln, Ihre »Fehler« und Enttäuschungen erneut leben (was ausnahmslos eine hohe Dosis ungesunder Schuldgefühle beinhaltet), erstarren Sie in der Vergangenheit. Konzentrieren Sie sich darauf, was Sie jetzt tun können.

Verstehen Sie mich nicht falsch. Eine therapeutische Begleitung kann beim Heilungsprozess eine wichtige Rolle spielen. Es ist zwar möglich, ein traumatisches Erlebnis intellektuell zu verstehen – das eigentliche Verstehen erfolgt jedoch erst im Laufe der Zeit, wenn Sie eine entsprechende Distanz und Sichtweise gewonnen haben.

In der Zwischenzeit müssen Sie in Ihrem Leben vorankommen.

Sie müssen den Schmerz loslassen

Schuldzuweisungen, Grübelei und Rache führen dazu, dass wir im Schmerz versinken. Eines der Dinge, die uns vom Fortschritt abhalten, ist das Festhalten am Schmerz. Damit Sie Ihr Leben transformieren können, müssen Sie einen Weg finden, um mit dem Krisenschmerz umzugehen und sich sogar von ihm zu lösen.

Wie oft ist Ihr Leben ruiniert worden, am Ende gewesen oder bis zur Unkenntlichkeit zertrümmert worden? Und trotzdem sind Sie noch da, Sie sind ausreichend »ganz geblieben«, um diese Worte lesen zu können.

Ohne Schmerz kein Gewinn, richtig? Und was uns nicht umbringt, macht uns nur noch stärker. Oder bringt es uns doch um?

Ich hasse das Klischee »Schmerz-ist-gut-für-dich«. Schmerz tut weh. Chronische Schmerzen untergraben unsere Lebensfähigkeit und behindern unsere Entwicklung.

Trotzdem halten wir an unserem Schmerz fest. Wir versuchen, uns davon zu überzeugen, dass wir losgelassen haben – selbst wenn wir immer noch festhalten. Den Schmerz loszulassen bedeutet, unsere Verbindung zu seiner Quelle loszulassen, zu unserem alten Leben! In diesem Augenblick beginnt der Kummer. Schmerz verletzt; Kummer besänftigt.

Wir alle sind hier in diesem Leben, um zu lehren und zu lernen. Aber unsere Lektionen müssen nicht so schmerzhaft sein, wie sie es manchmal sind.

Wir selbst können entscheiden, welche Form unsere Lektionen annehmen. Wenn wir bewusst leben, können wir zum Universum sagen: »Lehre mich einen anderen Weg!«

Betrachten Sie einmal das Wort *bedeutungsvoll*. Wenn Sie entscheiden, einer Erfahrung eine Bedeutung zu geben, werden Sie in der Situation zum Beobachter. Wenn eine Erfahrung für uns nützlich ist, wird sie für uns auch erträglich. Wir wissen, wie wir ihre Wirkung in einen Kontext bringen und lenken können.

In der Krise ist es schwierig, die Bedeutung von dem zu verstehen, was Sie im Augenblick durchlaufen, aber Sie wissen jetzt, dass Ihre Erfahrung den Anstoß zu einer positiven Entwicklung in Ihrem Leben geben kann. Denken Sie zusätzlich an Ihre Ergebnisse beim Typentest und an Ihr bevorzugtes Reaktionsmuster.

Selbst unsere Verluste ergeben einen Sinn, wenn wir einmal verstanden haben, dass das Leben ein Kontinuum ist. Wir helfen einander im Laufe vieler Leben. Glauben Sie niemals, dass Sie allein sind oder dass ihr Kampf bedeutungslos ist. Unsere Kämpfe sind oft schmerzhaft – manchmal sehr extrem, aber nicht bedeutungslos.

Wir sind in diesem Leben tatsächlich hier, um zu lernen und gleichzeitig zu lehren.

Sie fragen sich vielleicht, wie Sie denn ein Lehrer für

andere sein können, wenn Sie sich manchmal, beispielsweise in einer Krise, damit abmühen, die einfachsten Aufgaben zu Ende zu bringen. Die Erklärung liegt in unserem Verbundensein. Wenn ein Baum durch Insekten, Feuer oder die Naturelemente beschädigt wird, scheidet er schützende Flüssigkeiten aus. Das ist an sich nicht besonders bemerkenswert. Wissenschaftler haben jedoch Folgendes entdeckt: Wenn ein Baum an einem Ende des Waldes beschädigt worden ist, scheiden die Bäume auf der anderen Seite des Waldes ebenfalls schützende Flüssigkeiten aus.

Wie die Bäume sind wir Menschen alle miteinander verbunden – Sie und ich und auch alle anderen Menschen. Was Sie in Ihrem Leben und durch Ihren Kampf lernen, lernt *jeder*.

Sie *sind* jeder Mensch, der in einer Krise steckt. Jeder scheinbar unfaire Schlag, den das Schicksal an Sie austeilt, beeinträchtigt uns alle. Wenn Sie Ihre Krise überleben, lehren Sie uns *alle*, wie man sie überlebt.

Während einer Krise werden Sie anderen wahrscheinlich nicht dasselbe geben können wie zuvor. Als ich verheiratet war, hatte ich viel Geld, und ich konnte Freunden und Familienmitgliedern ständig Geld geben.

Während meiner Krise hatte ich kein Geld mehr zu geben. Deshalb fühlte ich mich jämmerlich und bedürftig. Ehrlich gesagt haben einige meiner damaligen Beziehungen auch nicht überlebt. Das Einzige, was ich wirklich zu geben hatte, waren meine Intuition und Einsicht. Die Intuition war immer ein natürlicher Teil meiner selbst, den ich als angenehm empfand. Daher hatte ich das Gefühl, dass ich nur sehr wenig gab.

Jahre später fand ich heraus, dass meine Gabe für viele meiner Freunde ein viel wertvolleres Geschenk als Geld war. Es war ein Geschenk, das mich auf intime Art mit dem Leben von Menschen verband, die ich liebte.

Nehmen wir uns einmal einen Augenblick Zeit, um Ihren Verlust zu betrauern und zu akzeptieren, dass Sie zu dieser Trauer immer wieder einmal zurückkehren werden, bis Sie Ihr neues Leben voll und ganz erschaffen haben. Wenn Sie nicht länger zulassen, dass die drei Sackgassen Sie in der Vergangenheit festhalten, können Sie Ihren Verlust viel ganzheitlicher erleben.

Trauern Sie, weinen Sie und bitten Sie Menschen, mit Ihnen zu trauern. Selbst wenn die Arbeit, die Ehe, die Gewohnheit oder was auch immer schlimm für Sie war, haben Sie das Recht, diese zu vermissen. Trauern Sie und lassen Sie andere Menschen den Verlust gemeinsam mit Ihnen beklagen.

Auch wenn es manchmal unerträglich schmerzt und Sie sich nicht einmal vorstellen können, diese Zeit in Ihrem Leben durchzustehen – es kann so wehtun, dass Sie sich nicht einmal vorstellen können, wie sich die Erleichterung anfühlen würde –, kann genau dieser Schmerz auch eine treibende Kraft sein. Wenn Sie ihn so nutzen, werden Sie ihn nicht länger als Schmerz erleben.

Übung: telepathischer Dialog

Ein Grund, warum wir in Schuldzuweisungen, Grübeleien und Rachegedanken stecken bleiben, ist das Gefühl, dass wir nicht zurückgehen und die Vergangenheit auflösen können. Dies gilt vor allem, wenn die betreffenden Menschen und Situationen vordergründig bereits aus unserem Leben verschwunden sind. Die bereits zuvor beschriebene telepathische Dialogtechnik kann auf zahllose andere Situationen übertragen werden, aber jetzt werden wir sie einsetzen, um Ihnen dabei zu helfen, Themen aufzulösen, die nicht auf andere Weise gelöst werden können (zum Beispiel, weil es eine an Ihrer Situation beteiligte Person in Ihrem Leben nicht mehr gibt).

Nehmen Sie einen langen, tiefen Atemzug und achten Sie auf alle Sinneswahrnehmungen sowie Ihre Gedanken. Nehmen Sie auf Ihre Art wahr, dass die andere Person jetzt bei Ihnen ist. Nehmen Sie sich einen Augenblick Zeit, um herauszufinden, was diese Person fühlen, sehen, hören oder wissen sollte, damit eine Heilung zwischen Ihnen stattfinden kann. Achten Sie auf das, was Sie fühlen, woran Sie sich erinnern, was Sie sehen oder hören müssen, um diese Botschaft an die betreffende Person weiterzugeben.

Machen Sie sich die Person oder Situation bewusst. Nehmen Sie sich selbst und die Person oder Situation als von Ihnen und Ihrem Denken getrennt wahr, damit Sie vor Ihrem geistigen Auge zwischen sich und der betreffenden Person hin- und herpendeln können.

Verleihen Sie der Situation, die Sie vor Ihrem inneren Auge sehen, ein Gefühl von Realität. Lassen Sie in diesem Augenblick zu, dass Sie handeln, als könnten Sie in Wirklichkeit mit dieser Person oder Situation kommunizieren.

Es kann hilfreich sein, auf einen Punkt an der Wand zu schauen und sich vorzustellen, dass sich die betreffende Person dort befindet. Sie können auch eine Tasse auf den Tisch stellen und sich die Person dort vorstellen. Denken

Sie daran, dass Sie die Person nicht unbedingt *sehen* werden. Sie können einfach ihre Präsenz fühlen oder »wissen«, dass sie da ist.

Beginnen Sie, im Geist zu erfragen, was Sie von der Person wissen müssen – warten Sie dann auf eine Antwort. Frage und Antwort können gestellt bzw. empfangen werden, indem Sie mit allen Sinnen arbeiten. Sie können sehen, hören, riechen, schmecken oder einfach wissen, was die Frage oder Antwort ist. Nachdem Sie dies einige Minuten lang gemacht haben, beginnen Sie, einen Fluss von Informationen und Eindrücken wahrzunehmen, der sich zwischen Ihnen und Ihrem »imaginären« Partner hin- und herbewegt.

Es geht darum, die Situation bis zu einem gewissen Grad aufzulösen. Besprechen Sie mit diesem Menschen das Problem und versuchen Sie, Wege zu einer guten Lösung zu finden. Warten Sie auf die Reaktion Ihres Gegenübers; erfinden Sie diese nicht und versuchen Sie auch nicht, sie vorwegzunehmen. Sie werden die Reaktion der betreffenden Person auf vielerlei Art und Weise wahrnehmen. Sie können sie vielleicht hören, sehen, fühlen oder auf eine andere Art *spüren*.

Diese Übung kann frustrierend sein, da Sie sich nicht mit dem »Höheren Selbst« der Person verbinden, sondern mit der Person selbst und all ihren Schwächen, die sie im wirklichen Leben hat.

Vielleicht müssen Sie diese Übung viele Male wiederholen. Vielleicht finden Sie bei dieser Übung heraus, dass es keine Lösung gibt, wenn direkt mit der Situation gearbeitet wird. In diesem Fall besteht das Ziel für Sie darin, das auszudrücken, was Sie ausdrücken müssen, um zu spüren, dass etwas in gewisser Weise abgeschlossen ist.

Häufig wird die Person, mit der Sie telepathisch kommuniziert haben, einige Tage später anrufen, um das Gespräch »fortzusetzen«.

Wenn Sie gerne schreiben, können Sie diese Übung auch mitschreiben oder die Übung zumindest auf diese Weise beginnen. Sie können auch eine Tonaufzeichnung machen.

Sie müssen die Verbindung vollständig unterbrechen, wenn die Übung abgeschlossen ist. Versuchen Sie auch nicht, die Übung mehr als fünf Minuten am Stück zu machen, denn Sie wollen sich mit dieser schwierigen Person oder Situation nicht unbewusst verstricken. Es geht darum, dass Sie sich etwas Zeit nehmen, um einen bewussten Dialog zu führen, sich zu verbinden und zu verhandeln. Dadurch können Sie den Konflikt aus sich selbst herausziehen und es an einen Ort verschieben, an dem sich die andere Person (oder Situation) »außerhalb« von Ihnen befindet. Das ermöglicht Ihnen eine gewisse Sichtweise und Klarheit und Sie können erkennen, wer Sie sind und welche Wahlmöglichkeiten Sie haben.

Einer der erstaunlichsten Aspekte dieser Übung besteht darin, dass der Dialog oft im echten Leben fortgesetzt wird, ganz als wären Sie bei der Übung tatsächlich in der Lage gewesen, zu kommunizieren und zu verhandeln. Das Leben wird auf so vielen Ebenen gelebt. Je mehr Ebenen wir in einen gesunden Zustand versetzen, desto kraftvoller kann eine positive Veränderung sein.

KAPITEL 8

Wie Sie Ihren persönlichen Mythos neu formulieren

Wer sind Sie jetzt? Das ist unsere wiederkehrende Frage, auf die wir zum ersten Mal zu Beginn von Kapitel 1 gestoßen sind.

Sie sind nicht Ihre Geschichte. Tatsächlich ist Ihre Geschichte ungenau, subjektiv und überflüssig – es sei denn, sie hilft Ihnen dabei, etwas zu erreichen. Sie selbst treffen die Wahl. Es gibt so viele Geschichten von Menschen, die Versager waren, aber angesichts einer Krise großartige Dinge erreichten und durch diesen Prozess großartige Menschen wurden. Nun, es gibt dieselbe Anzahl Geschichten über Stars an der High School, die später im Leben versagten.

Ihre Geschichte diktiert nicht Ihr Leben – sondern das, was Sie *wählen*.

Wir alle haben ein Drama, das wir in unserem Leben wiederholt ausagieren. Normalerweise ist es eine geerbte Geschichte, die sogar vor unserer Geburt durch die Geschichte unserer Eltern sowie unsere Geburtsumstände entstand. Diese Geschichte haben unsere Eltern bereits nach dem gleichen Rezept aufgenommen. Die Welt und die Menschen um uns herum sind einfach Schauspieler in diesem Drama.

Wie sieht Ihre persönliche Mythologie aus? Wenn Sie sich nicht sicher sind, überlegen Sie einmal, wie Ihre Eltern und Geschwister Sie beschrieben hätten. Ich war diejenige in meiner Familie, die die Verantwortung trug. Ich habe eine Schwester, die die Patientin war, und dann gab es die Hübsche, Unverwüstliche. Oft leben Sie immer noch Ihre persönliche Rolle aus der Kindheit.

Wenn Sie sich im Umbruch befinden, ist Ihr überflüssiger persönlicher Mythos besonders gefährlich für Sie. Schauen wir uns einmal Jeffs Geschichte an.

Jeff wusste schon immer, dass er etwas Besonderes war. Auch wenn er eine schwierige Kindheit hatte, besaß er ein außergewöhnliches Talent, das die Menschen aufmerksam werden und sie ihn anders behandeln ließ. Als Erwachsener hatte er viele frühe Erfolge bei der Arbeit. Er hatte eine solche Ausstrahlung, dass es niemandem wirklich auffiel, dass er im Restaurant nie ein Gericht von der Karte bestellen konnte, ohne eine Handvoll Änderungen vorzugeben. Wenn jeder wie verrückt rannte, um seine Steuererklärung rechtzeitig einzureichen, stellte er fest, dass er sie machen würde, wenn es passte, aber es passte nie. Wenn etwas unangenehm war, vermied er es einfach.

Als er etwa dreißig Jahre alt war, zeigten sich die ersten Anzeichen einer Krise. Die Arbeit ging nicht voran. Er hatte nie wirklich Zeit für Beziehungen gehabt. Er war häufig »müde« und reizbar, manchmal neigte er zu Wutausbrüchen. Seit Jahren war er nicht mehr zum Arzt, Zahnarzt, Steuerberater oder Anwalt gegangen. Er hatte sich auf sein »Besonderssein« verlassen, das ihn in Sicherheit wiegte. Mit vierzig war sein Leben ein Chaos, aber es kam ihm nie in den Sinn, die täglichen, monotonen Dinge zu tun, die wir restlichen Sterblichen tun. Jemand nahm ihn mit zu einem Therapeuten, aber natürlich war er schlauer als der Therapeut und hatte das Gefühl, dass ihn der Therapeut nicht verstehen konnte.

Jeff besaß nicht das Format, um Hilfe anzunehmen. Sein persönlicher Mythos hatte dazu geführt, dass er in eine Krise geriet. Die Krise traf ihn, als seine Ressourcen so begrenzt waren, dass er nicht mehr die isolierte, spezielle Art seines Lebensstils aufrechterhalten konnte. Als die Krise einsetzte, waren sein Körper, seine Karriere und seine Beziehungen ein Scherbenhaufen.

Gehütete interne Prozesse

In jeder unserer persönlichen Mythologien gibt es einen gehüteten internen Prozess, von dem wir glauben, dass er uns und unseren Mythos bewacht. Jeder Mythos hat eine Kernangst und ein Kernbedürfnis. Kommen wir zu Jeff zurück:

Persönlicher Mythos:	Ich bin etwas Besonderes.
Gehüteter interner Prozess:	Alles außerhalb von mir ist verdächtig.
Kernangst:	Ich bin nicht gut genug; ich bin ein Nichts.
Kernbedürfnis:	Als der Mensch geliebt und anerkannt zu werden, der ich bin.

Oft sind die Kernangst oder das Kernbedürfnis am einfachsten zu identifizieren. Hören Sie, was Sie zu sagen haben, hören Sie auf die Art, wie Sie dies zum Ausdruck bringen und kehren Sie es dann um. Jeffs Lieblingsaussage lautet: »Ich bin ein ganz normaler Mensch« und »Mir ist es egal, ob du mir zustimmst«. Seine Haltung zeigt freundliche Überlegenheit. Darin liegt die Selbsttäuschung. Hier ein weiteres Beispiel:

Persönlicher Mythos:	Ich habe die Verantwortung.
Gehüteter interner Prozess:	Ich bin mit den Bemühungen der anderen nicht zufrieden; sie entsprechen nicht meinen Erwartungen.
Kernangst:	Ich bin machtlos.
Kernwunsch:	Ich habe das Gefühl, etwas wert zu sein.

Und hier noch ein anderer Mythos:

Persönlicher Mythos:	Ich bin verantwortlich und unabhängig.
Gehüteter interner Prozess:	Ich habe keine Bedürfnisse; ich kümmere mich um andere.
Kernangst:	Vernichtung.
Kernwunsch:	Abhängig zu sein.

Sie können Ihren persönlichen Mythos oft darin finden, wie Sie von anderen gesehen werden und vor allem, wie Sie als Kind gesehen wurden: als der Helfer, der Chef, das Wunderkind, das zarte, das sensible, das künstlerisch begabte Kind.

Die Krise fordert unseren persönlichen Mythos oft heraus oder bedroht ihn sogar zutiefst. Jeff fand heraus, dass er nicht speziell genug war, um von den Regeln der Gesellschaft oder des Lebens ausgenommen zu sein. Glücklicherweise gab es in seinem Fall nur wenige Fehler, die er nicht wieder ausgleichen konnte. Er war schließlich in der Lage, die Hilfe seiner Freunde zu akzeptieren. Sie zeigten ihm die Regeln und halfen ihm, diese zu befolgen. Beim Heilungsprozess seines Lebens wandte er sich auch seiner Kernangst und seinem Kernwunsch zu. Ohne etwas »Besonderes« zu sein, in seinem chaotischsten Selbst, wurde er geliebt, versorgt und in die Arme geschlossen.

Beantworten Sie die folgenden Fragen:

- Wie lautete vor Ihrer Krise ihr stärkster Glaubenssatz?
- Was ist Ihr Spruch; was sagen Sie, wenn Ihr Glaube oder Ihre Vorstellungen herausgefordert werden?
- Welches ist Ihre beste persönliche Eigenschaft?
- Welches ist Ihre schlechteste persönliche Eigenschaft?

Spielen Sie jetzt mit Ihren Antworten. Drehen Sie diese herum. Tun Sie so, als träfen sie auf alle in Ihrem Leben zu, außer auf Sie selbst. Tun Sie so, als säßen Sie mit sich selbst zusammen und würden beide darum kämpfen, wer ist am meisten ... oder wer am wenigsten ... .
  Bitten Sie Ihre Freunde, Ihren Mythos-Fragebogen für Sie auszufüllen.

- Welches ist mein persönlicher Mythos?
- Wie gehe ich mit der Welt am häufigsten um?

- Was ist meine größte Angst?
- Welches ist mein größter Wunsch?

Wenn Ihre Freunde den Nagel auf den Kopf treffen, wissen Sie Bescheid. Wenn sie falsch liegen, wissen Sie auch Bescheid. Lernen Sie, Ihren persönlichen Mythos zu verstehen. Das wird nicht nur einen Tag dauern, und es kann ein fortlaufender Prozess werden. Dieser Mythos ist die Art des Seins, die Sie zurücklassen, um neu anzufangen. Einst hat Ihr persönlicher Mythos Ihr Leben gerettet. Jeff wäre von der Gewalt und Missachtung zu Hause zerstört worden, wenn er nicht darauf bestanden hätte, etwas Besonderes zu sein und nicht nach einzigartigen Erfahrungen und Ausdrucksweisen Ausschau gehalten hätte, um seinen Mythos aufrechtzuerhalten. Wie alle Lebewesen wachsen wir jedoch, und was einmal unser Antrieb war, kann uns jetzt gefangen halten.

Sinnen Sie einmal darüber nach, was Ihnen Ihre persönliche Mythologie jetzt wegnimmt. Jeffs persönlicher Mythos erlaubte ihm nicht, das, was er in seinem Leben aufgebaut hatte, zu nutzen, um Stabilität, eine Familie, Erfolg und Freude entstehen zu lassen. Als er die Verantwortlichkeit seiner Schöpfung ignorierte, nämlich seine persönliche Arbeit, die ihn hätte unterstützen können, löste sich diese unter ihm auf.

- Wenn es bei Ihrem persönlichen Mythos um Unabhängigkeit geht, bekommen Sie nicht die Nahrung, die Sie brauchen, um zu wachsen.
- Wenn es darum geht, die Verantwortung zu tragen, erhalten Sie nicht die Wertschätzung, die Sie brauchen, um Ihre wahre Stärke zu finden.

- Wenn Sie in einer Krise stecken und Ihr alter Mythos für Sie nicht mehr länger funktioniert, schreiben Sie »Ende« darunter und fangen Sie mit einer neuen und vergnüglicheren Geschichte in Ihrem Leben an.

Ihr persönlicher Mythos kann übertrieben sonnig sein oder nach übermäßigem Selbstmitleid klingen. Jemandem mit einem entzückenden persönlichen Mythos können essenzielle Elemente wie Liebe, Geld, Zufriedenheit im Beruf, Gesundheit und so weiter im Leben fehlen. Wenn Ihr persönlicher Mythos Sie entweder zur Mutter Teresa oder zum Satan gemacht hat, müssen Sie dies wahrscheinlich einmal mit jemandem besprechen, um zu einer neuen Sichtweise zu gelangen. Sie müssen nachprüfen, ob Ihr persönlicher Mythos zu Ihrem Leben passt.

Den persönlichen Mythos überarbeiten

Wenn Sie sich bewusst und mutig entscheiden, zu trauern und weiterzugehen, schreiben Sie Ihre Geschichte nicht nur für sich selbst, sondern auch für diejenigen um Sie herum.

Ein Spieler, der vielleicht die Rolle des kritischen Vaters erfüllt hat, kann jetzt, nachdem Sie Ihr mit ihm geteiltes Drama neu geschrieben haben, die Rolle des inspirierenden Verbündeten spielen. Ihr widerstrebender Ehepartner kann die Rolle des Helfers in der Kindererziehung spielen. Oder er kann für Sie Erinnerungen in sich tragen, die Sie nicht mehr behalten wollen, mit denen Sie sich aber gelegentlich einmal verbinden möchten. Ihr Chef kann sich von einem unzumutbaren Arbeitgeber, der Sie nicht unterstützt, in einen starken Lehrer und Verbündeten verwandeln. Und all das, weil Sie Ihre persönliche Geschichte und Ihren persönlichen Mythos neu geschaffen haben.

Jetzt ist die Zeit gekommen, Ihren persönlichen Mythos bewusst neu zu schreiben. Wir neigen alle dazu, etwas aus dem heraus zu erschaffen, was wir in der Vergangenheit waren. Ich fordere Sie auf, etwas aus dem heraus zu erschaffen, was Sie sein möchten. Eine Zeit der Krise ist ideal, um Ihren persönlichen Mythos neu zu schreiben. Sie befinden sich im Moment zwischen dem Ende der einen und dem Anfang der anderen Geschichte. Sie können entscheiden, Ihr altes Thema fortzusetzen (wie Sie es bereits viele Male zuvor getan haben), oder Sie können die Geschichte neu schreiben, und zwar genau jetzt. Indem Sie dies tun, heilen Sie jeden Aspekt Ihrer Zukunft.

Jeffs neuer persönlicher Mythos:	Ich habe der Welt etwas zu bieten. Meine Stimme muss gehört werden.
Gehüteter interner Prozess:	Sich um die Details kümmern, die meine Schöpfung unterstützen. Sicherheit.
Kernangst:	Zu versagen.
Kernwunsch:	Anerkannt zu werden.

Dieser Mythos wird für Jeff eines Tages ebenfalls überflüssig werden, aber nicht, bevor er sein Ziel erreicht hat.

Jeffs Heldenerzählung hat einen Nachtrag. Der Zahnarzt fand einen Abszess in seinem Zahn. Er ging davon aus, dass dieser sich seit über zehn Jahren dort befunden hatte. Der Zahn wurde behandelt, und Jeffs Erschöpfung und extreme Reizbarkeit verringerten sich beträchtlich. Jeffs Geschäfte laufen hervorragend, und er gründet eine Familie mit einer Frau, die er liebt. Immer wieder einmal hasst Jeff die regelmäßigen Mahlzeiten, Steuern, Sport und Besuche beim Zahnarzt und beim Arzt, genau wie der Rest von uns. Dann erinnert er sich daran, sich in seinem Leben umzusehen und die Grundlagen für sein Zuhause, die Familie und den Erfolg zu schätzen, die er seinem persönlichen Einsatz verdankt.

Wenn Sie ein Zorntyp sind, der das Gefühl hat, dass seinen besten Bemühungen mit Undankbarkeit oder Zurückweisung begegnet wird, heben Sie sich Ihre besten Bemühungen für sich alleine auf. Wenn Sie ein Depressionstyp sind, dessen persönlicher Mythos das Leben überwältigend findet, suchen Sie sich ein kleines Projekt, das Sie bewältigen und auf das Sie Ihre Hoffnung setzen können (eine Treppe hinaufgehen, jeden Morgen in ein Café zum Kaffeetrinken gehen oder Lippenstift benutzen).

Der persönliche Mythos eines Zorntyps könnte lauten: Ich schufte Tag für Tag, und wenn ich dann nach Hause komme, ist nichts so, wie ich es eigentlich brauche. Meine Kinder sind undankbar, meine Frau ist nicht ansprechbar, und mein Chef ist ein Sklaventreiber.

Ein neuer Mythos könnte sein: Ich finde meine eigene Zufriedenheit. Was ich im Leben tue, tue ich für mich selbst, auch wenn es immer Zugeständnisse geben muss, und ich gewinne jedes Mal. Wenn meine Leidenschaft überhand nimmt, lenke ich sie auf körperliche Aktivitäten und Arbeit um, die mich gesund machen, gut aussehen lassen und erfolgreich machen. Alle beneiden mich um meine Energie. Ich schätze mich und deshalb bin ich schließlich von Menschen umgeben, die mich schätzen.

Übung: Wie Sie Ihren persönlichen Mythos neu schreiben

Nehmen Sie sich jetzt einen Augenblick Zeit, um sich Ihrer eigenen Geschichte bewusst zu werden, und zwar derjenigen, die Sie hinter sich lassen und die wahrscheinlich auch diejenige ist, die Ihnen weggenommen wurde. Um zu Ihrer Kernessenz zu gelangen, reduzieren Sie Ihre Geschichte auf einen einzigen Satz: »Eine seit langer Zeit leidende Frau gibt alles für die Liebe.« »Ein armer Junge macht es gut.« »Brillante Frau wird von der Welt missverstanden und nicht geschätzt.«

Diese Ein-Satz-Geschichte ist natürlich eine ganz starke Vereinfachung, aber sie wird Ihnen viel darüber sagen, welche Erfahrungen Sie auswählen, um sich zu definieren.

Schreiben Sie jetzt eine neue Ein-Satz-Geschichte: Dieses Mal komponieren Sie bewusst eine Geschichte über das Leben, das Sie leben wollen und über das Selbst, das Sie sein möchten. »Leidenschaftliche Liebhaberin lebt ihre Träume.« »Glückspilz macht an der Wall Street aus allem Geld.« »Brillanter Mann teilt seine Einsichten mit einer Welt, die ihn herzlich empfängt.«

Sie können Ihre guten Freunde darum bitten, Ihnen eine Kurzbeschreibung Ihrer Person zu geben. Manchmal brauchen Sie die Rückmeldung eines Freundes oder einer Freundin, um sich selbst klarer zu erkennen.

Wenn Sie einmal Ihre aktuelle Geschichte fertiggestellt haben, versuchen Sie, sie zu spielen – und diese Geschichte tatsächlich zu leben. Es ist vielleicht nicht einfach, Ihre neue Geschichte zu leben. Sie haben möglicherweise Schwierigkeiten, die Kraft zu finden, sich von Ihrem Sofa zu erheben oder auch nur einen Fuß vor den anderen zu setzen. Wenn das so ist, *tun Sie so, als ob* Sie Ihre neue Geschichte verkörpern. Sie werden sofortige und dramatische Veränderungen in Ihrem Leben feststellen.

Denken Sie an die Anekdote, die ich über den Wissenschaftler Nils Bohr und das glückbringende Hufeisen erzählt habe, das über seiner Tür hing. Sie müssen nicht einmal *glauben*, dass Ihre neue Geschichte funktioniert, Sie müssen einfach so tun, als ob.

Wenn Sie Ihre Geschichte neu schreiben, werden sich Ihre Selbstwahrnehmung oder Ihre Identität nicht über Nacht verändern, aber Sie werden dadurch einen Prozess einleiten. Psychologen wissen, dass wir auf eine Weise handeln, die mit unserem Selbstbild übereinstimmt. Fangen Sie einfach an, Ihre Geschichte neu zu schreiben – zuerst in kleinen Schritten –, aber handeln Sie durchweg so, wie Sie es aufgeschrieben haben.

Ihr Plan für die Flucht aus dem Gefängnis

Sie sind kein Gefangener Ihrer Gewohnheiten. Normalerweise ist der externe Feind – eine Person oder eine Situation – nicht wirklich der Feind. Der Feind ist eine Person oder eine Sache, die Sie davon abhält, eine Krise zu durchlaufen und einen neuen Anfang zu machen – oder der Ihre Reisezeit verlängert.

Wir neigen alle zu den gleichen Problemen und Stolpersteinen. Wir erschaffen unsere Geschichte immer und immer wieder – bis wir sie gelöst haben. So funktioniert das Unterbewusste. Sie geraten wieder in die gleiche Situation, wenn Sie nicht die Dynamik erkennen, die Sie anzieht, und die Möglichkeiten, diese zu verändern. Die Krise gibt Ihnen die Gelegenheit, neue Beziehungen zu schaffen, die Sie unterstützen, und bestehende Beziehungen zu verändern.

Natürlich sind keine zwei Beziehungen oder Situationen identisch, aber sie haben oft gemeinsame Merkmale und beginnen und enden auf eine bestimmte Art und Weise. Beispielsweise können alle Ihre Beziehungen davon geprägt sein, dass Sie für die andere Person sorgen und Ihre Bedürfnisse andererseits nicht befriedigt werden. Vielleicht fangen alle Beziehungen intensiv an und enden damit, dass einer oder beide das Interesse aneinander verlieren. Wenn Sie einen Satz formulieren müssten, was in all Ihren Beziehungen geschieht, wie würde er lauten?

Die folgenden Schritte können Sie anwenden, um diesen Zyklus ein für alle Mal zu stoppen und die Kerkermeister aus Ihrem Leben zu vertreiben.

1) Erkennen Sie die Muster in früheren Beziehungen.
2) Verändern Sie dieses Muster gefühlvoll in einer aktuellen Beziehung.
3) Seien Sie sich Ihres Musters in allen neuen Beziehungen bewusst.
4) Übernehmen Sie die Verantwortung für die Tatsache, dass Sie kein Opfer Ihres Musters sind. Ihre Bedürfnisse (sie mögen unbewusst oder auch ungesund sein) wurden durch die Beziehungen befriedigt, die Sie bis-

her angezogen haben. Erkennen Sie diese Bedürfnisse und erfüllen Sie sie auf andere Weise.

Sie haben das alte Tonband zu lange abgespielt. Es ist für Sie an der Zeit, ein neues zu finden.

Übung: Konsultieren Sie Ihre innere Führung

Diese wirkungsvolle Übung wird Ihnen dabei helfen, Ihren neuen Mythos im Schlaf neu zu schreiben und dessen Kraft und Effektivität in Ihr Leben einzubringen.

Eines der Dinge, die ich aus meiner langjährigen Arbeit als praktizierende intuitive Heilerin gelernt habe, besteht darin, dass jeder von uns die Weisheit besitzt, seinen eigenen Weg zu finden. Manchmal ist uns diese innere Führung näher als zu anderen Zeiten; manchmal können wir bewusst ihre Stimme hören. In Zeiten des Wandels brauchen wir dringend die Klarheit und Gewissheit, die uns unsere Intuition gibt.

Unser Denken kann erschüttert, unorganisiert, hoffnungslos oder paranoid sein, aber die Intuition macht es uns möglich, die Störung zu beseitigen und zu Klarheit zu gelangen. Wenn Sie an kleine Kinder denken, die im Krieg überleben, Nahrung, Unterkunft und eine Gemeinschaft finden, dann können Sie die Kraft intuitiver Führung erkennen.

Machen Sie die folgende Übung nachts. Sie wird Ihnen dabei helfen, von dem Teil Ihrer selbst geführt zu werden, der solide, gesund und vollständig ist. Diese Übung sollte vor dem Schlafengehen gemacht werden und dauert nur einen kurzen Moment. Wenn Sie einen besonders herausfordernden Tag haben, können Sie diese Übung auch durchführen und anschließend ein kurzes Nickerchen machen, um Ihren intuitiven Fokus und Ihr inneres Programm neu einzustellen, damit Sie auf der richtigen Spur bleiben.

Der Schlaf ist eine wunderbare Zeit, in der die Intuition und das Unterbewusstsein arbeiten können. Ihr Bewusstsein und Ihre fünf Sinne, die im Laufe des Tages damit beschäftigt sind, Ihre Umgebung auszuwerten, sind im Schlaf frei und können mit den komplexen Themen Ihres Lebens arbeiten. Im Schlaf können Sie die Veränderungen, die Sie im Wachzustand gemacht haben, erleben und integrieren. Sie können Ihre innere Welt nach Informationen und der Unterstützung durchsuchen, die Sie benötigen, um Ihr Ziel zu erreichen.

Wenn Sie diese Übung machen, müssen Sie zuerst einen Gegenstand finden, den Sie immer bei sich tragen. Es kann ein Schmuckstück sein, Ihre Geldbörse, Ihr Mobiltelefon, Ihre Schlüssel – irgendetwas, das Sie immer dabeihaben.

Bevor Sie sich schlafen legen, halten Sie diesen Gegenstand in der Hand und benennen Sie Ihr Ziel. Dann legen Sie ihn irgendwohin, wo Sie ihn erreichen können oder tragen Sie ihn am Körper, damit Sie, wenn Sie wollen, auch in der Nacht spüren können, dass er da ist.

Auch hier spielt es wieder keine Rolle, dass Sie nicht sehen können, wie Sie Ihr Ziel erreichen; selbst wenn Ihr einziges Ziel im Augenblick darin besteht, dass es Ihnen besser geht oder Sie aus Ihrer aktuellen Situation herauskommen, werden Sie wird mit der Zeit immer mehr Klarheit gewinnen.

Wenn Sie können, setzen Sie Ihre Sinne ein, um Ihr

Ziel als etwas zu erfahren, das bereits wahr geworden ist. Fühlen, schmecken, riechen, sehen Sie (innerlich und um Sie herum), hören und wissen Sie, dass Ihr Ziel bereits wahr geworden ist. Verlieren Sie sich nicht in Details.

Jedes Mal, wenn Sie diese Übung machen, werden Sie sie anders erleben; das ist abhängig von Ihrer Stimmung, Ihrem Tag, den Einsichten, die Ihre Intuition in der letzten Nacht hatte, und der Reife, die Ihr Unterbewusstsein in diesem Prozess erlangt hat. Lassen Sie sich nicht von den Herausforderungen beunruhigen, die in Ihren Gedanken und Gefühlen auf dem Weg zum Ziel aufsteigen. Wenn Sie sich nicht vollkommen dagegen sträuben, werden Sie jedes Mal, wenn Sie diese Übung machen, eine Art neues Bewusstsein erleben, auch wenn Ihre Intuition aus irgendeinem Grund nicht funktionieren sollte. Sie werden sämtliche Zweifel erleben, die Sie in den Archiven ihres Gedächtnisses und Unterbewusstseins abgespeichert haben.

Ob Sie es glauben oder nicht – diese Zweifel sind eine gute Sache. Sie werden sich durch diese Themen hindurcharbeiten, wenn Sie nachts schlafen, und mit größerer Klarheit aufwachen. Während Sie sich durch die Krise auf Ihr Ziel zubewegen, werden Sie feststellen, dass es bei dieser Übung immer weniger Störungen gibt. Wenn es keine mehr gibt, haben Sie Ihr Ziel erreicht.

Nachts wird Ihre Intuition nach den besten Schachzügen suchen, während Ihr Unterbewusstsein an Ihren Mustern arbeitet, um Ihnen diese Züge zu ermöglichen und erfolgreich zu handeln und zu reagieren. Der Gegenstand, den Sie bei sich tragen, wirkt wie ein Auslöser für Ihre Intuition, während Sie im Wachzustand aktiv sind. Sie werden konditioniert oder in gewisser Weise hypnotisiert, um in einen produktiven, intuitiven und bewussten Zustand zu gehen, wenn Sie den Gegenstand berühren. Wenn Sie Entscheidungen treffen oder schnell reagieren müssen, können Sie feststellen, dass Sie automatisch diesen Gegenstand anfassen. Wenn Sie das tun, erleben Sie ein Gefühl der Klarheit und bekommen den Weg gezeigt.

Die Ergebnisse dieser Übung sind keine Zauberei. Wir sind Wesen, die aus Mustern bestehen, und das essenzielle Element unserer Flexibilität besteht darin, kraftvolle Instrumente zu schaffen, mit denen wir kraftvolle und positive Muster erschaffen können. Ihr Gegenstand ist kein unersetzlicher Glücksbringer. Wenn Sie ihn verlieren, können Sie einen anderen Auslöser finden, indem Sie einen anderen Gegenstand auswählen. Sie sind Ihres eigenen Glückes Schmied, und Sie können sich auf dem Weg zum Glück stark verwurzeln. Diese Übung hilft Ihnen, einen Teil Ihres Unterbewusstseins zu Ihrem Vorteil zu nutzen und Muster für den Alltag zu schaffen. So werden Sie Tag für Tag Ihr neues Leben finden können.

KAPITEL 9

Entscheiden Sie, wer Sie sein wollen

Den endgültigen Schnitt machen

Während Ihres Übergangs in das Leben, das Sie sich gerade schaffen, haben Sie die Verluste Ihrer Krise jeweils nur geringfügig verdaut. Forschungen haben gezeigt, dass eine ständige Beschäftigung mit Ihrer Krise Sie tatsächlich schädigt, da Ihr Gehirn das anfängliche Trauma immer wieder durchlaufen muss. Legen Sie daher Zeiten für die Innenschau fest und lassen Sie Aktivitäten folgen, um das Ganze assimilieren zu können.

Eine Krise ist ansteckend. Genauso ist Gesundheit ansteckend. Lernen Sie die Reaktionstypen kennen, mit denen Sie leben und arbeiten. Stellen Sie fest, welche Reaktionstypen es in Ihrer Geburtsfamilie gibt und wie Sie von ihnen beeinflusst wurden und vielleicht immer noch werden. Familien sind wunderbare Lehrer. Sie erleben Familien über einen verlängerten Zeitraum auf verschiedenen Evolutions- und Revolutionsstufen.

Wenn Sie sich der Reaktionstypen bewusst sind, können Sie Menschen, die Ihnen nahe stehen, bestätigen und bei der Heilung unterstützen. Sie können gesunde, dynamische, leidenschaftliche Beziehungen im Laufe der zahlreichen Herausforderungen aufrechterhalten, die das

Leben immer bietet. Sie können Ihren Kindern vermitteln, wie sie flexibel werden und ihre einzigartigen Begabungen ehren, während Sie ihnen Werkzeuge in die Hand geben, damit sie gedeihen und anderen dabei helfen, dasselbe zu tun. Wir alle sind Heiler, die sich im Prozess der Heilung befinden. Bewusstheit und Verbundenheit sind die Elemente, die zur Alchemie der Veränderung führen.

Die Wirklichkeit überprüfen

Wenn Sie zu lange auf einen Punkt an der Wand schauen, wird er langsam unscharf. Fixieren Sie einen Gegenstand und stellen Sie fest, wie er sich verzerrt. Wo in Ihrer aktuellen Situation ist der Fokus stehen geblieben? Was meinen Sie, was sich in Ihrem Denken und Verhalten dadurch verzerrt hat? Auf was könnten Sie sich konzentrieren, das Ihnen beim Aufbau Ihres neuen Lebens mehr Kraft geben würde?

An diesem Punkt Ihrer Reise kommen die gesunden Kerne der Reaktionstypen zusammen, um Ihnen dabei zu helfen, den letzten Schnitt zu machen und die Krise hinter sich zu lassen. Sie dienen Ihnen nun, um das neue Leben zu schützen, das Sie geschaffen haben, und helfen Ihnen, sich an zukünftige Veränderungen anzupassen. Jetzt können Sie die Energie der Wut, Angst, Depression und Verleugnung in ihren gesunden, lebensbejahenden Inkarnationen einsetzen, ohne von ihnen überwältigt zu werden.

Wenn Sie diese Schutzelemente einmal verinnerlicht haben, werden Sie den Schaden durch ähnliche Bedrohungen in Zukunft verringern können. Jeder Reaktionstyp hat einen Verletzungszustand, einen positiven Zustand und einen Funktionszustand. Der Verletzungszustand ist eine automatische, gewohnheitsmäßige Reaktion auf jegliche Bedrohung oder Verlust. Der positive Zustand ist das einzigartige Geschenk, das Sie erhalten, wenn Sie mit der Heilung der Verletzung bewusst umgehen. Der Funktionszustand ist der Teil eines jeden Typs, den wir alle brauchen, um zu überleben und erfolgreich zu sein, und der unser Selbst erschafft, schützt und wieder aufbaut.

Ein Teil der Aufgabe einer Krise besteht darin, nicht nur die aktuellen Herausforderungen anzugehen, sondern auch die heimtückischeren Herausforderungen, die Sie überhaupt in die Krisensituation haben geraten lassen. Die Herausforderung der Krise ist die Evolution und damit das Erreichen eines neuen, effektiveren und freudigeren Seinszustandes. Sie können den positiven Kern der vier Typen anwenden, um Ihr Wohlbefinden zu schützen, Veränderungen vorherzusagen und zu steuern und bewusst in der Gegenwart zu leben.

- Wenn Sie den positiven Kern des Verleugnens nutzen, beseitigen Sie jetzt alle unverdaulichen Aspekte Ihrer Krise: was nicht verarbeitet werden kann oder Ihnen nichts bringt, wenn Sie es verarbeiten. Einige Angriffe auf unser Selbst sollen und können auch nicht verstanden werden – diese müssen Sie hinter sich lassen und mit Hilfe des positiven Kerns der Verleugnung auflösen.
- Wenn Sie den positiven Kern der Depression nutzen, können Sie jetzt den Kampf gegen den Verlust auf-

geben und sich erlauben, sich in Ihr neues Selbst, in Ihr neues Leben und Ihre neue Welt hineinfallen zu lassen. Sie sorgen dafür, dass Ihre Energie nicht mehr in die Vergangenheit gelenkt wird und können sich vollkommen der Gegenwart widmen.

- Nutzen Sie den positiven Kern der Angst, denn Sie zögern auf angemessene Weise, wenn Sie Situationen erleben, die Ihnen schaden könnten oder Sie in die Krise zurückziehen, die Sie gerade hinter sich lassen. Sie sind in der Lage, Ihr Gefühl der Angst intuitiv einzusetzen, um nicht in alte Verhaltensmuster und Beziehungen zurückzufallen oder sich in Situationen verwickeln zu lassen, die für Sie schmerzhaft sind.

- Wenn Sie den positiven Kern der Wut nutzen, weigern Sie sich, auf die gleiche Weise wie in der Vergangenheit verletzt zu werden. Sie errichten angemessene Grenzen, die Sie sich zuvor nicht zu errichten gewagt haben. Sollten Sie einmal Verrat an sich selbst begehen, indem Sie sich nicht ausreichend schützen, erleben Sie Wut.

Mark Twain hat uns einst geraten, dass wir, wenn wir wütend werden, langsam bis zehn zählen – und dann *fluchen* sollen. Twain witzelte natürlich, aber wahrer Humor beruht auf einer tiefen Wahrheit. All unsere Emotionen dienen positiven Funktionen in unserem Menschsein, aber wir müssen sie meistern und dürfen nicht zulassen, dass sie uns beherrschen. Sie sind in der Lage, Wahlmöglichkeiten zu treffen, die Ihr Leben nähren und schützen.

Sie müssen nicht an sich glauben. Manchmal ist das unmöglich. Sie müssen einfach nur einen Fuß vor den anderen setzen und sich die Zeit, den Raum und das

Wissen geben und sich selbst gegenüber Vergebung üben, damit Sie Ihre Richtung wiederfinden.

Erschaffen Sie Ihre Zukunft

Sie haben bisher die Hindernisse beiseitegeräumt, die Ihrem Selbst im Weg lagen, das sich gerade entwickelt. Sie haben mit einer neuen Wirklichkeit, mit neuen Herausforderungen, Wahrnehmungen und Arten des Seins zu tun gehabt. Sie hatten wenig Zeit, Energie und Raum, um sich neue Ziele zu setzen oder von einem neuen Leben zu träumen.

Die guten Neuigkeiten sind, dass Sie bereits auf dem halben Weg nach Hause sind, egal wie verloren Sie sich vielleicht fühlen. Die Energie, die Sie darauf gelenkt haben, sich neu zu strukturieren und in Ihrer neuen Welt zu orientieren, hat Sie der Geburt Ihres neuen Selbst bereits sehr viel nähergebracht.

Mein Lieblingszitat aus *Schrot für die Mühle* von Ram Dass lautet: »Der Schmerz der Geburt ist der Schmerz des Todes, und der Schmerz des Todes ist der Schmerz der Geburt«. Sie haben Ihr altes Leben losgelassen und zugleich Ihr neues aufgebaut.

Wenn Sie auf Ihre Krise konzentriert sind, ist all Ihre Energie auf das ausgerichtet, von dem Sie sich wegbewegen wollen. Schauen Sie sich den letzten Satz an. Sie – und Sie sind Ihre Energie und Ihr Fokus – bewegen sich damit auf das zu, von dem Sie sich eigentlich wegbewegen wollen. Sie müssen sich aber jetzt auf das zubewegen, was Sie erschaffen wollen, selbst wenn Sie noch nicht wissen, was es ist, und sich mit dem auseinandersetzen, von dem Sie sich im Laufe des Prozesses wegbewegen wollen.

Die Krise kommt normalerweise ungebeten. Der bewusste Verstand wird überrascht. Das Unterbewusstsein muss wissen, warum es dafür sorgen sollte, etwas Neues entstehen zu lassen, wenn doch alles dem Wandel und Verlust unterworfen ist. Die offensichtliche Antwort ist, dass das Leben weitergehen muss. Wenn sich eine Seele jedoch im Schmerz befindet, kann uns diese Binsenweisheit oft nicht motivieren. Wir müssen uns mit all unseren Mitteln und unserer Absicht im mächtigen Schöpfungsakt engagieren.

Die Zukunft heilen

Wir können die Zukunft heilen, weil wir jetzt in diesem Augenblick die Zukunft erschaffen. Es ist vielleicht einfacher, die Zukunft zu heilen, die noch unendliche Möglichkeiten birgt, als die Vergangenheit zu heilen. Wir neigen dazu, uns auf unsere Verluste und Fehler zu konzentrieren und verbrauchen übermäßige und ungesunde Energiemengen für »was wäre wenn« oder »wenn doch nur«, obgleich doch das Vergangene nicht mehr existiert. Unsere Energie kann nur Treibstoff sein für das, was kommen wird.

Das bedeutet nicht, dass Sie die Wunden der Vergangenheit nicht heilen können. Indem Sie Techniken wie den telepathischen Dialog einsetzen, tun Sie genau das. Ihre Konzentration ist jedoch auf den Augenblick gerichtet – auf das, was übrig bleibt und was Sie jetzt neu erschaffen.

Oft bleiben wir in der Vergangenheit stecken, weil wir uns einbilden, dass dort unsere Macht, unsere Liebe, unsere Schönheit oder unser Reichtum wohnen. Wir halten an Erinnerungen fest, als ob wir sie durch den bloßen Wunsch und unsere Reue wiederauferstehen lassen könnten. Wir fühlen uns machtlos, das zu erschaffen, was wir in unserem Leben verloren haben. Sie haben Recht. Sie können die Vergangenheit nicht neu erschaffen, es sei denn, Sie haben sich selbst verändert.

Sie können jedoch in der Zukunft alles neu erschaffen, was Sie an sich selbst wertgeschätzt haben, und sogar die Welt, die Sie verloren haben. Sie wird jedoch anders sein. Es ist unglaublich, aber sie wird kraftvoller, bewegender und befriedigender sein als alles, was Sie sich jetzt vorstellen können. Denn Sie haben die Wahl getroffen zu wachsen (oder vielleicht hat die Welt für Sie diese Wahl getroffen). Das kann ich mit absoluter Sicherheit sagen. Sie hielten dieses Buch jetzt nicht in den Händen, wenn das nicht richtig wäre – selbst wenn Sie es logisch nachvollziehen, dass das Buch doch auf einem Tisch lag und Sie es einfach in die Hand genommen haben, ohne sich bewusst dafür zu entscheiden. Ich würde Ihnen antworten, dass wir immer eine Wahl treffen, ob wir uns dessen bewusst sind oder nicht. Sie haben sich entschieden, Ihre Zukunft im Hier und Jetzt zu erschaffen und zu heilen.

Die Träume, die uns am meisten befriedigen, sind diejenigen, die wir *verwirklichen* – nicht diejenigen, an denen wir festkleben.

Was wäre, wenn Sie alle Fehler, Ungerechtigkeiten, Krankheiten und Trauer in einem Koffer auf dem Bürgersteig stehen lassen und einfach weggehen könnten? Sie müssten nicht einmal »neu starten«, Sie könnten einfach frisch und neu und bereit sein, das ins Leben zu rufen, was immer Sie wollen und jede Gelegenheit nutzen, die das Leben bietet. Es mag sich seltsam, einsam, verletzlich und vielleicht verräterisch anfühlen. Sie hätten jedoch die Freiheit, etwas Beliebiges zu erschaffen und zu erleben, sogar eine bessere Version von dem, was Sie soeben hinter sich lassen mussten.

Wissen Sie, wie viel Zeit Sie dafür investieren, diesen Koffer jeden Tag herumzuschleppen und sich an seinen Inhalt zu erinnern? Noch schlimmer ist es, wenn Ihnen ein Irrläufer Ihres Gepäcks genau in dem Moment in die Quere kommt, wo Sie eine gute Zeit haben könnten, oder wenn Sie eine Situation bejahen, die normalerweise nicht zu Ihrem Gepäck passen würde?

Jetzt in diesem Augenblick erschaffen Sie das, was als Nächstes kommt. Sie können selbst diesen Moment verändern, während Sie ihn leben. Sie können es sich bequemer machen, ein Kissen holen, Essen bestellen und einen guten, hoffnungsvollen Gedanken finden und ihn erleben. Sie können jemanden anrufen, der Ihnen hilft, sich gut zu fühlen, oder Sie erledigen etwas, das Sie seit Tagen, Wochen oder Monaten aufgeschoben haben.

Sie müssen nicht ewig der Mensch bleiben, der Sie bis zu diesem Augenblick gewesen sind. Sie sind nicht den Elementen im Leben ausgeliefert, die ihnen missfallen. Sie besitzen das Bewusstein und die Fähigkeit, Ihre Geschichte oder Ihre augenblickliche Situation nicht nur zu verändern, sondern auch, diese zu verlassen. Sie haben einige Entscheidungen zu treffen, genau in diesem Augenblick. Sie können das Muster fortsetzen, dem Sie gefolgt sind.

Ich kann Ihre Fragen hören. Was ist, wenn ich chronisch krank bin? Was ist, wenn ich mein ganzes Geld verloren habe? Was ist, wenn sich mein Mann gerade von mir scheiden lassen will? Was ist, wenn ich eine traumatische Kindheit hatte und so verletzt bin, dass ich in meinem Leben nichts Brauchbares erschaffen kann?

All dies sind Dinge, die Sie bis zu diesem Augenblick durchgemacht haben. Sie definieren sich über diese Situationen. Diese Situationen sind geschehen, sie geschehen vielleicht jetzt, aber sie sind nicht Sie. Wenn Sie sich das bewusst machen, können Sie es genau jetzt verändern. Wenn Sie krank sind, entscheiden Sie sich, nicht als kranker, sondern als gesunder Mensch mit einer Krankheit zu leben, von der Sie sich gerade entfernen. Halten Sie nicht an dem Geld, der Arbeit oder der Liebe fest, die Sie bereits verloren haben. Nehmen Sie Ihre Hände, um die Gegenwart zu umarmen und sie in die Zukunft auszustrecken.

Ihre Optionen sind begrenzt oder unendlich, das hängt von Ihrer Perspektive ab. In den vielen Jahren, in denen ich Tausenden von Menschen den Inhalt meines letzten Buches – *The Circle* (Der Kreis) – vermittelt habe, habe ich Leben gesehen, die zerstört schienen, zu spät gefunden wurden, in Scherben gegangen waren oder, noch schlimmer, Leben, die nie wirklich stattgefunden hatten. Viele dieser Leben wurden neu erschaffen, indem derjenige seine Sichtweise verändert hat. Darüber hinaus hat dieser Mensch die Energie und die Mittel, die durch diese Veränderung entstanden, neu ausgerichtet.

Übung: Wie Sie Ihre Zukunft anziehen

Ob Sie es spüren oder nicht – Sie sind auf Ihrem Weg, die aktuelle Situation zu meistern und ein neues Leben zu erschaffen. Das bedeutet nicht, dass Sie ohne Hindernisse einfach lossegeln werden. Es bedeutet, dass Sie feststellen werden – selbst wenn Sie nicht alle Schritte fortsetzen, die Sie bisher unternommen haben –, dass sich Ihre Welt zum Besseren wendet, und zwar auf eine Art und Weise, die Sie überraschen und Ihren Glauben an Ihr Leben und an sich selbst erneuern wird. Sie werden auf diese Zeit als einen Wendepunkt in Ihrem Leben zurückblicken, den Zeitpunkt, als Sie sich selbst und Ihre Zukunft neu erschaffen haben.

Manchmal scheinen wir fast in die *perfekte* Situation zu gelangen. Wir treffen den idealen Partner. Oder wir finden den Job, in dem wir eine glänzende Karriere machen. Oder wir investieren in die richtigen Aktien.

Diese »Momente« von glücklichen Zufällen wurden von Ihrem Unterbewusstsein lange zuvor geplant und vorbereitet, bevor Sie auf sie »gestoßen« sind. Es gibt viele perfekte Situationen, die gerade jetzt an Ihnen vorüberziehen (machen Sie sich keine Sorgen, denn es gibt immer wieder Gelegenheiten), weil Sie noch nicht darauf vorbereitet sind, diese anzuziehen, zu erkennen oder zu akzeptieren. Sie sind noch nicht die Person, die sich mit ihrer »perfekten Situation« verbinden kann. Glücklicherweise sind wir gerade dabei, das genau jetzt zu ändern, indem wir Ihre Zukunft heilen.

Wenn Sie den nächsten Abschnitt lesen, so folgen Sie meinen Anweisungen gleichzeitig mit Ihrer Vorstellungskraft. Vielleicht sehen Sie das, was Sie sich vorstellen, oder

Sie fühlen oder hören etwas. Beurteilen Sie Ihre Vorstellungskraft nicht, sondern folgen Sie mir einfach weiter. Vielleicht spüren Sie überhaupt nichts. Machen Sie sich keine Gedanken, denn Ihr Unterbewusstsein macht die Arbeit, selbst wenn Sie das nicht wahrnehmen können.

Wenn Sie diese Übung die ersten paar Male durchführen, machen Sie sich bitte keine Notizen oder versuchen sich daran zu erinnern, was Sie erleben. Wenn Sie sich an diese Übung gewöhnen, werden Sie in der Lage sein, sie zu machen, ohne dass Ihr bewusster Verstand eingreift. Dann können Sie Notizen machen, denn diese enthalten wertvolle Informationen über Ihre Zukunft. Machen Sie sich keine Gedanken, die Informationen werden sowieso gespeichert und in diesem vollgestopften Lieblingsschrank aufbewahrt – Ihrem Unterbewusstsein.

Finden Sie eine Zeit, in der Sie nicht gestört werden. Rechnen Sie mit einigen Ablenkungen, beispielsweise mit Lärm von draußen, einem klingelnden Telefon oder sogar Ihren eigenen Gedanken. Bereiten Sie sich mental darauf vor, diese Ablenkungen durch Sie hindurchfließen zu lassen, ohne dass sie eine Wirkung haben.

Machen Sie es sich bequem, nehmen Sie einen tiefen langen Atemzug und atmen Sie langsam aus. Wiederholen Sie diese Atmung einige Minuten lang. Dabei suggerieren Sie sich, dass das, was Sie hier in diesem Augenblick erreichen, nicht nur Sie, sondern auch die Welt um Sie herum beeinflussen wird. Sie werden Ihren Weg finden und morgen einen Plan Ihrer Reise anfertigen. Sie werden nicht in der Lage sein, den Augenblick zu verändern. Ihr Leben ist im Moment einfach so, wie es ist, und Sie werden von einem Standort aus beginnen, an dem Sie diese Wirklichkeit akzeptieren. Sie werden jedoch in der Lage

sein, neue Menschen, Situationen und kleine Glücks-
erlebnisse zu erfahren, die Sie in Ihr wahres, echtes und
ideales Heim tragen.

Wenn Sie bereit sind, stellen Sie sich vor, wie Sie einen
Weg entlanggehen. Sie beginnen im Hier und Jetzt, aber
während Sie laufen, tragen Ihre Füße Sie genau an den
Ort, an den Sie gehören. Sie brauchen nicht zu wissen,
wohin Sie gehen. Sie werden sowieso dorthin gelangen,
denn es ist, wie schon immer, Ihr wahrer Bestimmungsort. Wenn Sie jetzt den Weg entlanglaufen, nehmen Sie
die Menschen wahr, auf die Sie treffen und die Ereignisse, die Sie erleben. Sie müssen sich nicht daran erinnern,
sondern nur wahrnehmen, was um Sie herum passiert
und wie es Sie auf Ihrer Reise verändert. Wenn Sie so
reisen, stoßen Sie vielleicht auf Dinge oder erlangen
Kräfte, die es Ihnen ermöglichen, leichter und bequemer
zu reisen. Sie können alles mitnehmen, was Sie auf dem
Weg finden.

Sie stellen vielleicht fest, dass Sie mit jedem Ausatmen
Erwartungen und Verwirrungen aus Ihrer Vergangenheit
loslassen. Vielleicht spüren Sie ein Gefühl der Leichtig-
keit in Körper, Geist und Seele. Sie werden leer und
sind gleichzeitig von Ihrer eigenen göttlichen Verbindung
erfüllt, Ihrer wahren Verbindung zu allem, was um Sie
herum existiert.

Wenn Sie die Kraft dieser Energie jetzt spüren, fühlen
Sie, wie Ihr Bestimmungsort näher rückt. Jetzt sind Sie
angekommen.

Sie müssen nicht wissen, wo Sie sind. Es genügt zu
wissen, dass Sie angekommen sind und dass dies genau
der Ort ist, wo Sie sein sollen. Hier sind Sie im kraftvolls-
ten und nobelsten Sinne des Wortes zu Hause, und hier

sind Sie wahrhaft Ihr kraftvollstes und freudigstes Selbst. Alles, was Sie brauchen, umgibt Sie, und Sie besitzen alle Eigenschaften, die Sie in dieser Situation benötigen.

Sie verstehen jetzt die Vergangenheit und was diese Sie gelehrt hat, um es Ihnen zu ermöglichen, in diesem einzigartigen, absolut vollkommenen Augenblick anzukommen. Die Vergangenheit ist ein wertvoller Edelstein, den Sie in den Händen halten. Sie ist nicht mehr länger eins mit Ihnen, und trotzdem ist sie etwas, das Sie noch besitzen und das Sie in diesem Augenblick nutzen können.

Lassen Sie zu, dass Sie in diesem Augenblick der Vollständigkeit und der Ankunft voll präsent sind. Sie sollten wissen, dass Sie gerade auf den Weg zu Ihrem perfekten Bestimmungsort gestoßen sind. Selbst wenn Sie in diesem Augenblick weder spüren, sehen oder verstehen können, wo Sie sind, weiß jetzt der Teil von Ihnen, der Ihr Leben lenkt und bestimmt, wohin es geht. Sie werden feststellen, dass der instinktive Teil von Ihnen – der Teil, der sich korrekt bewegt, auch wenn Sie es nicht bewusst verstehen – Sie darauf vorbereitet, die vollkommenen Momente, die Sie anziehen, in ihrer Vollkommenheit zu erleben. Wenn Sie Ihre eigene Bereitschaft und Ihre eigene Weisheit erleben, sind Sie in der Lage, selbstsicher und würdevoll jeden Augenblick eines Tages zu durchlaufen.

Jedes Mal, wenn Sie diese Übung machen, gestalten Sie Ihre neue und kraftvolle Zukunft. Darüber hinaus werden Ihre Intuition und Ihr Unterbewusstsein schwierige Situationen, die Sie vielleicht erleben könnten, »vorhersehen« und Sie darauf vorbereiten, damit Sie die Möglichkeiten finden, um mit den Situationen effektiv umzugehen oder sie von vornherein ganz zu vermeiden.

Sie können mit Hilfe dieser Übung nach einiger Zeit wertvolle und genaue Informationen über Ihre Zukunft erhalten. Schreiben Sie nach der Übung die Details auf, an die Sie sich erinnern. Der größte Beweis für die Intuition findet statt, wenn Sie selbst korrekte Zukunftsinformationen erhalten und Sie einen dokumentierten Beweis haben, dass diese Informationen Sie erreicht haben, bevor das Ereignis eingetroffen ist. Die Dokumentation ist wichtig, denn wenn Sie wissen, dass Sie die Fähigkeit besitzen, Vorhersagen zu machen und diese Voraussicht einsetzen, um Ereignisse zu verändern, werden Sie diese Eigenschaft in Ihrem Leben weitaus kraftvoller nutzen können.

Das Ziel dieser Übung besteht jedoch darin, sich nicht an die Informationen zu erinnern, sondern es der Intuition zu erlauben, das Unterbewusstsein für den Erfolg neu zu prägen. Wenn Sie sich an nichts erinnern, respektieren Sie dies als Ihren einzigartigen Prozess und seien Sie sich bewusst, dass die Übung in jedem Fall ihren Zweck erfüllt.

Wenn Sie die ersten Male diese Übung machen, werden Sie feststellen, dass Sie mehr darauf ausgerichtet sind, etwas zurückzuholen, das Sie verloren haben, als zuzulassen, dass etwas Neues kommen kann. Dies wird sich verändern, wenn Sie die Übung wiederholen und die Intuition Sie zu den größten Möglichkeiten führt, die für Sie existieren. Gleichzeitig werden Sie erkennen, was in Ihrem Leben nicht länger existiert. Sie stellen vielleicht fest, dass Sie Ereignisse aus Ihrer Vergangenheit auf verschiedene Art und Weise zurückholen, und zwar auf Wegen, die in Ihrer Zukunft möglich und praktisch sind.

Nachdem Sie diese Übung einige Male gemacht haben, werden Sie weniger als eine Minute dafür brauchen. Es ist hilfreich, diese Übung im Laufe des Tages einige Minuten lang durchzuführen, denn sie hilft Ihnen auch, die täglichen Erfahrungen vorzubereiten und umzulenken. Sie werden bei dieser Übung jedes Mal eine andere Erfahrung machen. Wenn dies nicht der Fall ist, dann haben Sie sich von Ihrer inneren Fähigkeit abgeschnitten, die Energie für ein Muster entstehen zu lassen, das Sie bestätigt. Wenn das geschehen ist, verändern Sie diese Übung einfach geringfügig. Machen Sie sie in der Dusche, im Zug, mit Musik (wechseln Sie die Musik nach einigen Sitzungen, tun Sie irgendetwas, um das Muster zu brechen). Wenn Sie ein Muster brechen, schenken Sie sich eine Neuerung.

Ein gutes Leben ist nicht einfach. Es erfordert tägliche Anpassung, Mut und Liebe. Eine der Lieblingsaussagen meiner Agentin ist: »Es ist nicht einfach, einfach zu sein.«

Sie können Ihren Fokus darauf richten, sich durch Ihre Vergangenheit zu arbeiten. Sie können auch entscheiden, einfach anders zu sein, andere Erfahrungen anzuziehen und ab jetzt andere Dinge zu wählen. Sie werden sich durch Ihre Vergangenheit hindurcharbeiten, indem Sie sich weigern, die Vergangenheit Ihre Gegenwart kontrollieren zu lassen. Diese Verpflichtung an sich wird die passenden Teile Ihrer Vergangenheit in Ihr Bewusstsein bringen, damit diese untersucht und gelöst werden können.

Entscheiden Sie genau in diesem Augenblick, was Sie da erschaffen. Es muss nicht der ganze Kuchen sein. Es kann ein einfaches Detail sein, zum Beispiel der Wunsch, in der Lage zu sein, einen Atemzug zu machen, ohne dass es wehtut oder genug zu Geld haben, um die Miete zu bezahlen. Wenn Sie sich einmal für etwas entschieden haben, beginnen Sie es zu erschaffen, weil Ihre Ressourcen jetzt auf dieses Ziel ausgerichtet sind.

Sie brauchen nicht zu glauben, was ich im nächsten Abschnitt sagen werde. Die Übungen in diesem Buch, die auf meinem Konzept beruhen, werden für Sie funktionieren, ob Sie daran glauben oder nicht. Ich bin grundsätzlich misstrauisch gegenüber Dingen, die einen Glauben verlangen. Wenn etwas funktioniert, sollte es funktionieren, egal ob Sie an seine Effektivität »glauben« oder nicht. Solange Sie mit diesen Übungen arbeiten, mit oder ohne Glauben, werden die dadurch offenbar werdenden Wahrheiten Ihr Leben verändern. Und falls es Ihnen dann nutzen sollte, werden Sie es glauben.

Energie verbindet uns mit allem, was uns umgibt. Sie senden neue Signale aus und ziehen neue Informationen und Erfahrungen an. Wenn Sie subtile Veränderungen in Ihrer Wahrnehmung vornehmen, so wie ich es zuvor beschrieben habe, wird sich Ihr Leben auf dramatische Art und Weise verändern. Probieren Sie es jetzt aus. Entscheiden Sie, dass Sie jetzt eine neue Wirklichkeit erschaffen. Die Vergangenheit liegt hinter Ihnen, und wenn sie auftaucht, so besteht ihr Zweck darin, Ihnen ein größeres Verständnis für Ihre zukünftige Vorgehensweise zu bieten.

Anders als in den drei Sackgassen stehen Ihnen Ihre Muster und Erinnerungen jetzt zur Verfügung, um Sie besser über Ihre Wahlmöglichkeiten zu informieren, während Sie weiter voranschreiten. Sie heilen die Zukunft, indem Sie in diesem Augenblick anders leben. Das ist einfach. Kraftvoll. Diese Wahrheit wird sich Ihnen beweisen.

Sie können etwas oder jemanden verlassen und diese Dinge oder Menschen auf eine neue Art und Weise wieder zurückkehren lassen. Das ist tatsächlich der einzige Weg. Etwas in der Vergangenheit ist definitiv vorbei. Die Zukunft dagegen ist etwas, das Sie jetzt erschaffen.

Wo wollen Sie sein?

Heute, genau jetzt, in diesem Moment, in dem Sie diesen Satz lesen, erschaffen Sie Ihren nächsten Moment. Die Art und Weise, wie Sie atmen und denken, der Ort, an den Ihre Intuition reist, wie Sie sitzen, alles, was Sie tun und alles, was Sie sind, sind Vorhersagen für das, was Sie *sein werden*.

Das kraftvolle Leben wird gelebt, indem wir das Heute erfahren und das Morgen mit einer Richtung und Absicht erschaffen.

Wer sind Sie? Wir kommen im Laufe dieses Buches immer wieder auf diese Frage zurück.

Wenn Sie jemandem, der etwas über Ihr »wahres Ich« erfahren möchte, eine Beschreibung von sich geben müssten, was würden Sie sagen?

Nehmen Sie sich einen Augenblick Zeit, um einige Sätze zu notieren, in denen Sie sich selbst beschreiben. Wenn Sie sich in einer Krise befinden oder eine größere Veränderung durchlaufen, schreiben Sie auf, wer Sie *vor* dem Umbruch waren.

Hier sind einige Beispiele:

- Ich bin die Mutter zweier Kinder. Ich habe die meiste Zeit damit verbracht, ihnen beim Aufwachsen zu helfen, damit sie erfolgreiche und glückliche Menschen werden. Ich male gern, und ich hoffe, dass ich das eines Tages zu meinem Beruf machen kann. Ich bin nicht so organisiert, wie ich es gern wäre und lasse wichtige Aufgaben oft liegen. Ich bin eine warmherzige Gastgeberin, und die Menschen lieben es, in meinem Haus zu sein.
- Ich habe eine kleine, aber erfolgreiche Immobilienfirma, die ich aus eigener Kraft aufgebaut habe. Ich kann Menschen und Wohnorte wunderbar zusammenbringen. Ich liebe mein Zuhause, und ich habe häufig Gäste. Ich habe angefangen, mich ein bisschen mit Innenarchitektur zu befassen. Ich bin im mittleren Westen der USA aufgewachsen und habe mein Großstadtleben genossen.
- Ich bin eine wunderschöne junge Frau. Meine körperliche Schönheit war in der Vergangenheit sowohl eine Quelle der Kraft und Freude als auch des Schmerzes. Ich werde dieses Jahr dreißig. Ich bin hervorragend in Form, und ich habe so viele Träume, dass ich Probleme habe, einfach einen auszuwählen. Ich will eine Familie haben, aber ich verliebe mich alle paar Monate neu, und ich kann mich einfach nicht entscheiden, mit wem ich eine Familie haben will.

Wenn Sie diese Beschreibungen betrachten, bin ich sicher, dass Ihnen Hunderte von Dingen einfallen werden, die diese äußeren Manifestationen des Selbst verändern können.

Ihre innere Gemeinschaft konsultieren

Sie wählen in genau diesem Augenblick, wer Sie sein werden. Sie müssen daher einen bewussten Dialog mit Ihrer inneren Gemeinschaft beginnen.

Sie sind nicht ein massives, zusammenhängendes, riesiges Ganzes. Als Mensch beherbergen Sie eine innere Gemeinschaft. Viele Arten des Seins, der Wahrnehmung, Entscheidung und Reaktion kommen in einer phantastischen Einheit zusammen, um jede einzelne Ihrer Antworten und Reaktionen zu erzeugen.

Wie Sie bereits aus dem Test zu Beginn des Buches ersehen konnten, gehören zu Ihrer inneren Gemeinschaft die folgenden Elemente:

- das Ich, das reagiert.
- das Ich, dessen Gefühle und Reaktionen auf Erfahrungen beruhen, die die jetzige Situation darstellen können oder auch nicht.
- das intellektuelle Ich, das Informationen kennt, Statistiken oder die Geschichten anderer Menschen sowie alle anderen Arten von Wissen, die in Bezug auf Ihre aktuelle Erfahrung richtig sein können oder auch nicht.
- das transzendente Ich, das die Situation nüchtern aus der Vogelperspektive betrachtet und sie ohne Bewertung oder Emotion im Zusammenhang mit dem größeren Bild im Leben auswertet.
- das idealistische Ich, das sich so sehr wünscht, dass die Dinge anders wären, dass es schmerzt, und das pessimistische Ich, das das Schlimmste erwartet und schockiert ist, dass Sie immer noch aufrecht dastehen.

- das intuitive Ich, das ein Gefühl dafür hat, was in Zukunft geschieht, und das die Sichtweise von jedem anderen versteht.

Es gibt noch viele weitere Anteile von Ihnen, die hier nicht aufgeführt sind. Wenn Sie in Ihrer inneren Gemeinschaft so viele Anteile haben, wie schaffen Sie es dann, eine Einheit von Denken, Fühlen und Handeln zu erzielen, die sogar dazu in der Lage ist, eine Veränderung umzusetzen? Machen Sie eine kurze Liste, wen es in Ihrer inneren Gemeinschaft gibt. Den Zweifler, die Prinzessin, den Heiler, das ängstliche Kind, den Bulldozer. Machen Sie eine kurze Reise von der Zeit als Baby bis zur Gegenwart und notieren Sie einige Menschen, die Sie in Ihrem Inneren getroffen haben.

- Wer hat die lauteste Stimme?
- Auf wen haben Sie Angst zu hören?
- Wer hat Sie in der Vergangenheit in Schwierigkeiten gebracht?
- Wer tröstet Sie?

Jeder in Ihrer inneren Gemeinschaft hat bei allem, was Sie tun, das Sagen. Die Hierarchien verschieben sich jedoch mit den Zielen, mit dem Willen, mit Gesundheit und Bewusstsein. Sie wollen, dass sich Ihre innere Gemeinschaft um Ihre positiven Ziele herum versammelt und nicht um Ihre Ängste oder destruktiven Impulse.

Um das zu erreichen, müssen Sie zuallererst denjenigen der Gruppe beherrschen, der am impulsivsten und am unbewusstesten ist. So haben Sie es am Anfang dieses Buches mit Ihrem Reaktionstyp gemacht. Ohne Ihr impulsives Ich im Griff zu haben, ist es schwierig, die positiven Erfahrungen zu schaffen, die Sie lehren, sich automatisch auf die anderen Mitglieder Ihrer inneren Gemeinschaft zu verlassen. Ihre erste und vorrangige Aufgabe besteht immer darin, sich um Ihren Reaktionstyp zu kümmern. Jetzt haben Sie freie Hand, um Ihre innere Gemeinschaft auf eine achtsame, bewusste und positive Art zu führen.

- Was ist Ihr positiver Traum?
- Wer in der Gemeinschaft kann Ihnen dabei helfen, Ihren Traum zu erschaffen?
- Wer steht im Weg?

Jetzt können Sie nicht einfach diese zahlreichen Facetten ihres Selbst ignorieren, die Ihnen in die Quere kommen. Es ist nicht so, dass Sie sie einfach »hinauswerfen« können. Sie müssen jedem Aspekt Aufmerksamkeit schenken, um darauf vertrauen zu können, dass sich die Gemeinschaft um Sie kümmern wird. Dieser Dialog erfordert, dass Sie sich wirklich anstrengen. Als Autorin liebe ich es, die Dinge auf Papier zu bringen. Versuchen Sie, die Gespräche aufzuschreiben, die Sie mit den verschiedenen Aspekten Ihres Selbst haben. Der zusätzliche Vorteil besteht darin, dass Sie sich das Geschriebene später wieder ansehen und erkennen können, wie brillant Sie waren und dass Sie wirklich in Kontakt mit den Aspekten Ihres Selbst waren, sogar in Ihrer dunkelsten Stunde.

Sie können das Ganze auch laut oder für sich selbst sprechen, mit einem Freund oder einer Freundin bearbeiten oder Bilder von Ihrer inneren Gemeinschaft und Ihren Interaktionen mit dieser malen. Machen Sie das, was für Sie funktioniert. Das Wichtige dabei ist, dass Sie nicht einfach nur mit den vielen Aspekten Ihres Selbst kommunizieren, sondern dass Sie auch in Zukunft in der Lage sind, diese Aspekte weiter bewusst wahrzunehmen.

Führen Sie Selbstgespräche, vielleicht nicht auf der Straße, vielleicht nicht in der Öffentlichkeit, aber reden Sie mit sich selbst und hören Sie zu. Sie haben die Antworten. Es gibt kein »Herausfinden«. Ihre innere Gemeinschaft wird Ihnen sagen, was Sie brauchen, wie Sie vorgehen sollen, welche Werkzeuge Sie haben, die Sie vielleicht vergessen oder nie kennengelernt haben, sowie eine unendliche Menge anderer Dinge, wenn Sie sich einfach nur die Zeit und den Raum nehmen, um zuzuhören.

Denken Sie daran, dass Bewusstsein alles ist. Jeder hat die Kraft, mit dem Bewusstsein zu arbeiten, um eine Veränderung herbeizuführen. Sogar ohne große Anstrengungen kann eine einfache Bewusstheit dessen, wer uns in unserem Inneren sicher lenken kann, eine automatische Wahl schaffen, auf diese Stimme zu hören und ihren Rat zu erbitten.

Dinge sind Brücken zwischen der unsichtbaren Welt und der Welt, die wir in unserem Leben erschaffen, auf der Erde, in der »Wirklichkeit«. Wenn Sie ein Konzept aus Ihrer Phantasie herausgreifen und dieses in der Welt greifbar umsetzen, wirkt das wie ein Plan für Ihr Unterbewusstsein, Ihre Intuition, Ihren Intellekt und dient vielleicht auch dazu, die Energie des Universums um Sie herum zu mobilisieren.

Nehmen Sie sich jeden Tag Zeit, um das zu tun, was ich in meinem Buch *The Circle* eine »wahre Geschichte« nenne. Erfinden Sie eine kurze Geschichte, wie Ihr ideales Leben aussieht, und schieben Sie die Elemente hin und her, bis sie passen. Langsam, aber sicher werden Sie dieses neue Leben erschaffen.

KAPITEL 10

Verbinden Sie sich mit Ihrem ursprünglichen Selbst

Es ist schwierig, ein Baby zu sehen und dabei nicht wehmütig an eine lange vergangene Zeit zu denken, als wir selbst Babys waren und in einem Zustand der Reinheit und Unschuld lebten. Zum Großwerden scheint zu gehören, dass wir den Kontakt zu unserem ursprünglichen Selbst verlieren.

Das wahre Ich – Ihr unschuldiges, mutiges Selbst bei der Geburt, das Wesen, das Sie immer sein sollten – ist nicht verloren. Sie haben sich geweigert, diesen besonderen Teil Ihrer selbst abzugeben und haben ihn deshalb sicher in Ihrem Inneren verborgen. Wir verstecken diesen wertvollen Teil vor der Welt, um ihn vor Unruhen und Schaden zu bewahren. Wir nehmen das, was wir wirklich schätzen und verwahren es sicher – doch dabei erkennen wir nicht, dass wir es sogar vor uns selbst verbergen.

Nur die wenigsten Kinder hatten ein gesegnetes Leben und kommen nicht in Situationen, in denen sie ihr empfindsames Inneres verstecken müssen. Unter all den Schutzschichten liegt es noch immer unberührt. Egal, was passiert – wir haben sichergestellt, dass unser reines, ursprüngliches Selbst sicher und intakt bleibt.

Bemerkenswerterweise zwingt uns die Krise dazu, uns wieder mit diesem oft verloren geglaubten Teil von uns zu verbinden. Wir brauchen *alle* unsere Ressourcen, damit wir einen großen Umbruch im Leben meistern können und die Krise damit zu einer positiven, transformativen Kraft in unserem Leben wird.

Auch wenn jene Verteidigungsmaßnahmen Ihre Essenz durch viele verschiedene Lebenserfahrungen hindurch unversehrt gelassen haben, sind Sie jetzt stark genug, um diese Verteidigungsmaßnahmen zu durchbrechen. Sie sind so nahe daran; Sie sind an dem Punkt angekommen – genau in diesem Augenblick –, wo Sie einen Weg zurück zu Ihrem ursprünglichen Selbst finden und es in all seinem wundersamen Glanz hervorbringen können, um Ihr neues Leben zu erschaffen.

Ich möchte Ihnen eine Geschichte erzählen. Sie werden die darin enthaltene Wahrheit beim Lesen dieses Buches und auch in den Krisen erfahren, die Sie in der Vergangenheit erfolgreich durchlaufen und transformiert haben.

Es war einmal ein Kind: Sie. Dieses Kind hatte vielleicht perfekte Eltern oder auch schreckliche. Sie sind möglicherweise in ein sicheres und geborgenes Leben hineingeboren oder in ein gewalttätiges, nicht funktionierendes, oder irgendwo in der Mitte. Wer immer Sie waren, wo immer Sie waren, es gab einen frühen Zeitpunkt in Ihrem Leben, als Sie die Dinge nahmen, die Ihnen an sich selbst am wertvollsten schienen und die Sie besonders gut und geschützt unterbringen wollten.

Als Sie älter wurden und Ihr Selbstschutz sich verstärkte, sind diese wertvollen Edelsteine des Selbst tiefer in Sie hineingewandert – so tief, dass selbst Sie vergessen haben, dass sie dort als ein Teil von Ihnen existierten. Als erwachsener Mensch erschaffen Sie dann häufig Ihr Leben, ohne sich dieser persönlichen Schätze und Ihrem innersten Verlangen bewusst zu sein.

Dann schlägt die Krise zu. Um zu überleben und sich weiterzuentwickeln, brauchen Sie mehr als das, was Sie in der Vergangenheit zugelassen haben. Sie müssen tief im Inneren graben, und wenn Sie das tun – so unbedeutend oder wertlos Sie sich in diesem Moment fühlen mögen – , werden Sie eine Schatzkiste finden, die all das enthält, was Sie wirklich wertschätzen und alles, was Sie wahrhaftig sind.

Wenn Sie in diesem Moment einige der grundlegenden Vorschläge nutzen, die in diesem Buch beschrieben sind, werden Sie in der Lage sein, einige vergrabene Schätze zu finden, die tief in Ihrem Inneren verborgen liegen. Sie werden diese Schätze in Ihr bewusstes, aktives Erwachsenenleben einbringen, wo sie Ihr Leben in einer Weise bereichern, die Sie sich nicht vorstellen können. Talente, Werte und Dinge, ohne die Sie ihr Leben bis heute gelebt haben, werden bei dieser Expedition geborgen werden. Ohne Krise hätten Sie überhaupt nicht in diese Kiste greifen müssen, um unversehrt zu überleben, und es wäre weniger wahrscheinlich gewesen, dass Sie Ihren Seelenwunsch und seine Erfüllung gefunden hätten.

Damit Ihr Herz und Ihre Seele bereitwillig eine Herausforderung annehmen, die von Ihnen verlangt, Schmerz, Verlust oder sogar Veränderungen zu erleben, brauchen Sie etwas am Ende des Weges, das Sie belohnt.

Am Ende dieser Herausforderung werden Sie ein Leben geschaffen haben, das wunderbarer als alles Vorstellbare ist, denn es wird jetzt von einem Menschen gelebt, der wertvoller, nützlicher und talentierter ist, als Sie je gedacht hätten. Sie werden die Schatzkiste geöffnet haben, in der Sie Ihr heiligstes Selbst versteckt haben, und Sie werden Ihr Zuhause gefunden haben.

Wenn Sie jetzt auf Ihre Krisen in der Vergangenheit blicken, werden Sie häufig feststellen, dass Sie durch jede dieser Krisen ein Stück Ihrer selbst neu entdeckt haben, Ihre Freude sowie Ihre Fähigkeit, das zu bekommen, was Sie wirklich von der Welt und speziell von dieser Krise wollten. Wenn Sie diese Erinnerungen nicht finden können, hat das Buch dafür gesorgt und wird dafür sorgen, dass sie auftauchen.

Ja, eine Krise kann groß genug sein, um zerstörerisch zu wirken, aber nur, wenn Sie nicht gewillt sind, das loszulassen, was bereits verloren ist und voranzugehen, Schritt für Schritt, auf eine neue Realität zu. Je engagierter und je besser Sie in der Lage sind, diese Vorwärtsbewegung zu machen, desto eher wird das in Ihrem Leben entstehen, was Sie wirklich wollen und brauchen.

Ihr ungebrochenes Selbst

Einige unserer inneren Eigenschaften können niemals verändert werden. Sie können verletzt, begraben, verborgen oder auf andere Weise verzerrt werden, aber sie bestehen immer weiter.

Einige von ihnen beinhalten folgende Bedürfnisse oder Potenziale:

- Liebe
- Anregung
- Vergebung
- Vergnügen
- Verbinden und Verstehen
- Nähren
- Kreativität und Schöpfung
- Motivation
- Einsicht
- Heilung und Linderung

Dies sind einige Ihrer unveräußerlichen Fähigkeiten und menschlichen Bedürfnisse. Sie haben eine Begabung für einen oder mehrere Punkte auf dieser Liste, schätzen diese und werden dafür geschätzt. Dieses Potenzial bleibt während einer Krise unverändert. Aus ihm werden Sie ein neues und authentischeres Leben aufbauen und sich selbst definieren. Gehen Sie die Liste durch und stellen Sie fest, welche dieser Bereiche Bestandteile Ihres Selbst sind. Dies sind die Samen Ihrer Zukunft. Die Eigenschaften, die Sie aus der Liste zusammenstellen, können Ihnen als Hinweis auf Ihr neues Selbst dienen.

Die Beschreibung dessen, wie Sie funktionieren und warum Sie auf diese Weise funktionieren, ist jetzt für jeden verfügbar. Die neue Beschreibung kennen Sie jedoch noch nicht, denn diejenige, die im Moment der Krise auf Sie zutrifft, ist eine Beschreibung des Krisenzustandes, aber nicht von Ihnen. Wie Sie erfahren haben, können Sie jetzt entscheiden, wer Sie werden. In jedem Moment entscheiden Sie über Ihre Zukunft. Alles kann sich verändern, genau jetzt, wenn Sie die Transformationswerkzeuge haben.

Vor Ihrer Krise haben Sie vielleicht andere genährt, indem Sie selbstlos gegeben haben, während Sie Ihre eigenen Bedürfnisse verleugnet haben. Die Krise mag Ihre nährende Art revolutionieren. Sie stellen vielleicht fest, dass Sie mit Ihrer neuen Einsicht nährend wirken können, anstatt hart arbeiten zu müssen.

Sie stellen vielleicht fest, dass Sie während einer Krise keine Möglichkeit finden, die Dinge miteinander zu verbinden und zu verstehen. Hierbei handelt es sich um Ihr Ich-in-der-Krise, nicht um Ihr wahres Ich. Wenn die oben beschriebenen Eigenschaften auf Ihr Ich vor der Krise zutrafen, treibt die Krise Sie vielleicht dazu, zwischenmenschliche Beziehungen stärker in Anspruch zu nehmen und andere Arten von Unterstützung in Ihrem Leben zu finden. Bedürfnisse stellen einen kraftvollen Antrieb dar. Sie werden sie finden. Das Ich-in-der-Krise ist das Ich in einem Zustand der Transformation. Jetzt können Sie entscheiden, welcher Mensch Sie sein *möchten* – Sie müssen nicht länger der Mensch sein, der einfach dank der Einflüsse der Natur und der Erziehung entstanden ist.

Ich war das älteste von vier Kindern. Ich war ein bodenständiges, sich verantwortlich fühlendes Kind mit einer wunderbaren, aber psychisch kranken Mutter und einem überforderten Vater, der Mediziner war. Ich wuchs als marineblau gekleidetes Kind auf. Ich trug keine pinkfarbene Kleidung. Ich hätte mich wie eine Hochstaplerin gefühlt. Wenn ich verletzt wurde, habe ich nicht geweint. Ich arbeitete nicht hart, und ich strebte nach nicht viel, außer nach der Sicherheit und Solidarität, die ich finden konnte. Ich hatte keine besonderen Talente, aber ich konnte mich um andere Menschen kümmern und ganz besonders um meine Mutter. Ich übernachtete nicht bei anderen Kindern, und mein einziger echter intimer Kontakt war meine Mutter. Sie war der Zauber in meinem Leben. Mein Ein und Alles.

Dann, wie bereits erwähnt, nahm sich meine Mutter das Leben, als ich vierzehn war. Dies geschah nach der Scheidung meiner Eltern, bei der ich mich auf die Seite meiner Mutter und gegen meinen Vater gestellt hatte. Mein Vater hatte das Sorgerecht für mich, und er war in den vergangenen Jahren mein Erzfeind gewesen.

Um meinen Verlust zu überleben, musste ich fliehen. Verantwortlich zu sein hatte für mich nicht mehr viel Wert, denn der Gegenstand meiner Verantwortung – meine Mutter – war nicht mehr da. Ich zog mich in mich selbst zurück. Ich schrieb Gedichte. Ich las Bücher, die mich an einen anderen Ort brachten, damit ich meinen Verlustschmerz ertragen konnte. Ich begann, in meiner Phantasie nach meiner Mutter zu greifen. Ich ging tief in mich hinein, bis ich einen Zustand erreichte, in dem meine Welt und die Welt meiner Mutter sich trafen.

Jetzt ist mein großer Verlust dreiunddreißig Jahre her. Ich bin immer noch verantwortungsbewusst und in der Lage, mich um andere zu kümmern. Ich habe diesen Fähigkeiten den Schatz meiner Vorstellungskraft und meine Fähigkeit hinzugefügt, die Grenzen zwischen den Welten zu transzendieren, beispielsweise zwischen der Wissenschaft und der Intuition.

Eine Krise zwang mich, neue Überlebensmöglichkeiten zu finden und mich erfolgreich zu entwickeln. Obwohl auch andere Krisen mich auf vielfältige Weise beschenkt haben, ist dieses erste Krisengeschenk das, was mich zu meinem heutigen Beruf geführt hat.

Menschen kommen in mein Haus und sehen mich im Schlafanzug arbeiten – in meinem kleinen blauen Zimmer, das von Düften und Farben erfüllt ist. Ich trinke Milchkaffee und habe meine Tiere um mich herum, und mein Sohn kommt und geht und sagt: »Ich wünschte, ich hätte dein Leben«. Ich frage mich, wie viele Menschen das zu der zurückgezogenen, verlassenen Vierzehnjährigen mit der marineblauen Kleidung gesagt hätten, die mit ihrem kräftigen kleinen Körper nicht einmal einen Anflug von Charme ausstrahlte.

Ich vermisse meine Mutter nicht mehr, denn wenn sie noch da wäre, würde das bedeuten, dass ich die Schätze aufgeben müsste, die mir ihr Verlust geschenkt hat. Und die Hälfte meiner Garderobe ist heute pink.

Das Geschenk der Begrenzungen

Die Krise überreicht uns das *Geschenk* der Begrenzungen. In der Krise müssen wir alle unsere Mittel effektiv einsetzen. Wir haben keinen Raum, um Zeit, Energie, Geld, Gedanken oder Gefühle für irgendetwas Unwesentliches zu verschwenden.

Sie müssen sich auf das beschränken, was wirklich wesentlich ist, um effektiv mit der momentanen Situation umzugehen. Sie werden herausfinden, dass das Geschenk darin besteht, dass Sie das erschaffen, zu dem werden und sich mit dem umgeben können, was Sie wirklich lieben und schätzen.

Glauben Sie mir: Während einer Krise erleben Sie oft den schwierigsten Teil Ihrer selbst. Sie haben das Gefühl, dass alles Wichtige verloren ist. Der Verlust selbst fühlt sich vernichtend an. Sie sitzen wahrscheinlich nicht herum, lesen dieses Buch und denken: »Toll, ich baue mir ein wirklich bedeutungsvolles und authentisches Leben.« Die Arbeit braucht sich nicht gut anzufühlen.

Sie wählen, wohin Sie im Leben gehen. Während meiner jahrzehntelangen Arbeit mit Menschen bin ich auf eine große Wahrheit gestoßen: Wenn Sie wissen, was Sie wert sind, schaffen Sie es.

Wenn es so etwas wie Schicksal gibt, dann ist es dies. Das Abstreifen aller Dinge, von denen wir dachten, dass wir sie bräuchten, ist normalerweise kein erfreulicher Prozess. Die Belohnungen sind jedoch wundervoll.

Jede Krise erlaubt es Ihnen, wahrhaft authentisch zu sein. Tatsächlich stehen uns oft nicht viele unserer alten Ressourcen zur Verfügung, und wir werden an einen Ort zurückgeworfen, den wir vergessen hatten, einen Ort fundamentaler Werte und Wahrheiten. Wir tragen viele vorgetäuschte Bedürfnisse und Glaubenssätze in uns. Wir übernehmen sie im Laufe der Zeit von unseren Eltern, von unserer Gesellschaft, unseren Freunden und unseren geliebten Menschen.

In jedem von uns wohnt jedoch ein einzigartiges Wesen mit einzigartigen Begabungen und Bedürfnissen. Ich habe im Laufe meiner Karriere Tausende von Menschen von innen und außen erlebt, und jeder Mensch erstaunt mich mit seiner wunderbaren Einzigartigkeit. Wenn wir authentisch leben und den Teil zum Ausdruck bringen, der uns einzigartig macht, erschaffen wir uns genau das Leben, das wir wollen.

Um an diesen Punkt zu gelangen, ist es jedoch häufig notwendig, dass das falsche Selbst auf schmerzhafte Weise weggerissen wird. Nur weil etwas nicht authentisch oder sogar gesundheitsschädigend ist, bedeutet das nicht, dass Sie nicht doch sehr tief damit verbunden sind. Obwohl wir relativ schmerzlos über Jahrzehnte der Evolution hinweg ein authentisches Leben erreichen können, beschleunigt die Krise diesen Prozess und verdichtet ihn auf einen Augenblick.

Die Revolution birgt ihre eigenen Belohnungen. Die dynamische, wundersame Kraft der Heilung, die wir durch die Krise schaffen, kann so phänomenal sein wie das Strahlen der Sonne.

Das Geschenk der Not

Sie werden viele Geschenke Ihres Selbst erhalten, weil Sie tief in sich hineingehen mussten, um eine Krise oder eine Veränderung zu überstehen. Vielleicht ist das größte Geschenk von allen das Geschenk der Not. In Krisen benötigen wir eine Reihe von Geschenken von der Welt und von den Menschen um uns herum. Der Grund der Krise ist oft unser unbewusstes Bedürfnis, die Dinge zu bekommen, die wir in unserer Kindheit nicht bekommen haben oder Dinge, von denen wir nicht einmal wissen, dass es sie gibt, damit wir wirklich erfüllte Menschen werden. Die Krise zwingt uns dazu, nach den Dingen zu greifen, die wir in der Kindheit nicht bekommen haben, weil wir diese Ressourcen jetzt zum Überleben brauchen.

So vollkommen oder unvollkommen Ihre Kindheit auch gewesen sein mag – es gab immer grundlegende, aber unerfüllte Bedürfnisse. Das liegt in der Natur der Kindheit. Ihr unerfülltes Bedürfnis kann das nach bedingungsloser Liebe sein. Oder Ihr unbefriedigtes Bedürfnis kann in der intellektuellen Inspiration liegen, einem starken Selbstwert, Selbstständigkeit, der Fähigkeit, sich auf die Kraft von anderen zu verlassen, in einem Gefühl von Freude und Sicherheit in Ihrem eigenen Körper, oder sogar in dem Recht zu existieren. Nach einiger Zeit haben wir gelernt, unser Verlangen nach diesen Dingen zu unterdrücken.

Um eine Krise erfolgreich lösen zu können, wird immer von Ihnen verlangt werden, dass Sie Bedürfnisse erfüllen, die Ihr ganzes Leben lang nicht befriedigt worden sind. Plötzlich sind Sie in einer Situation, in der Sie sich zum ersten Mal in Ihrem Leben auf die Unterstützung anderer verlassen und zulassen müssen, dass sich andere Menschen um Sie kümmern. Vielleicht müssen Sie Freunde um Geld bitten, um Ihre grundlegenden finanziellen Bedürfnisse zu erfüllen; vielleicht müssen Sie Ihren Partner bitten, dass er Ihnen in einem Bereich Linderung verschafft, von dem Sie nicht einmal wussten, dass es Ihnen dort wehtut.

Stellen Sie sich einen Menschen vor, der nie wusste, dass leidenschaftliche Liebe existiert, und der es nun plötzlich in seinem Leben erfährt. Stellen Sie sich jemanden vor, der sein Leben von Gehaltszahlung zu Gehaltszahlung gelebt hat und plötzlich nach Wohlstand und Großzügigkeit verlangt und sie auch bekommt. Dies sind nicht nur Geschenke der Krise, sondern auch eine Voraussetzung für ihre Auflösung.

Was immer Sie in diesem Augenblick der Krise auch brauchen, ist das, was Sie danach in Ihrem Leben für immer haben werden.

Das Zuhause finden, das Sie
vielleicht nie hatten

Als wir Kinder waren, war das Zuhause da, wo unsere Eltern waren. Sie haben unsere Welt bestimmt. Es war egal, ob es ein gutes Zuhause war oder ein schwieriges – dort gehörten wir hin und waren mit dem Leben verbunden.

Als wir ein bisschen älter wurden, wuchsen die Grenzen des Zuhauses mit uns zusammen. Das Zuhause wurde jetzt von dem Haus definiert, in dem wir lebten, von unseren Freunden, unserer Schule, unserer Stadt, unserem Land. Als wir weiter heranwuchsen, wurde das Zuhause durch unsere Glaubenssätze und Loyalität definiert.

Als Erwachsene erschaffen wir sprichwörtlich unser Zuhause. Wir haben die Fähigkeit, bis zu einem gewissen Grade zu wählen, wo wir leben, mit wem wir zusammen sind und an was wir glauben. Das Zuhause hat jedoch einen tieferen Sinn. Das Zuhause ist der Ort, an den wir gehören und wo wir weiter wachsen – körperlich, spirituell, geistig, gesellschaftlich und energetisch. Das Zuhause ist der Ort, an den wir gehen, um uns von der schwierigen Aufgabe des Menschseins in einem menschlichen Körper wieder zu erholen, uns zu nähren und mit den Widersprüchen des Lebens umzugehen. In der Welt, in der energetischen Einheit des Universums und in uns selbst ist das Zuhause dort, wo wir hingehören. Unser Zuhause ist für uns immer ein sicherer Ort.

Viele von uns waren sehr lange nicht zu Hause. Wenn wir erwachsen sind, haben wir zu viele Informationen in Form von inneren Mustern gespeichert, die wir durch die Erfahrungen und Erwartungen aus unserer Erziehung, unserer Gemeinschaft, unseren Erfahrungen in der Welt und den überwältigenden Erwartungen unserer Kultur gebildet haben. Es ist unsere Aufgabe, über diese Muster hinauszuwachsen. Nur so können wir die Person in uns zu finden, die wir sein möchten und das Leben erschaffen, das wir selbst leben wollen – und uns unser wahres Zuhause schaffen.

Das Leben ist voller überraschender Wendungen. Wir sollten mit dem Unerwarteten und mit den Dingen rechnen, auf die wir nicht vorbereitet sind. Auf diese Art und Weise hilft uns das Universum zu wachsen. Die einzige wirkliche Sicherheit im Leben ist die Fähigkeit, auf eine Veränderung zu reagieren: ein nährendes Elixier aus inneren Ressourcen und Unterstützung von außen, das wir als Kinder kennen gelernt haben oder als Erwachsene erwerben. Selbst wenn das Kind mit diesem Elixier beschenkt wird, kann es von traumatischen Ereignissen überwältigt werden und überfordert sein. Eine Krise verlangt von ihm, über das Gewöhnliche hinauszugehen.

Elan und Durchhaltevermögen sind unentbehrliche Geschenke, um ein erfolgreiches Leben zu führen. Durch diese Geschenke sind Sie in der Lage, Ihren Weg nach Hause zu finden und das Zuhause für Sie selbst neu zu schaffen, aus einer beliebigen Lebenserfahrung heraus. In diesem Buch geht es um diese wichtigen Eigenschaften. Jedes Kapitel wurde so erstellt, dass Sie sich Schritt für Schritt Ihrem persönlichen Zuhause nähern, dem Ort, an dem Sie sein möchten und sollen. Daher bin ich für meine Leser vom schlimmsten Fall ausgegangen: vom Zustand der Krise, in dem alle gewohnten Strukturen vom Leben gestürmt worden sind. Wenn Sie die von mir vorgeschlagenen Schritte gehen, erhalten Sie die Unterstützung, die Sie brauchen, um Ihr Leben täglich bewusst zu erschaffen, selbst wenn Sie nicht in der Krise stecken.

Wir alle kennen Menschen, die Opfer ihres Schicksals sind, und andererseits diejenigen, die sich nach dem Bild ihrer Träume neu erfinden. Wo auch immer Sie sich in Ihrem Leben gerade befinden – Sie haben die Wahl, wohin Sie als Nächstes gehen. Ihr Zuhause ist der Ort, an dem Sie die Intuition, die Inspiration und die Ressourcen finden, um Ihre Träume zu leben.

Übung: Ihre innere Weisheit finden und ihr folgen

An diesem Punkt des Buches haben Sie wahrscheinlich festgestellt, dass es ein weises Ich, ein instinktives Ich und ein kritisches Ich gibt. Natürlich ist das instinktive Ich dasjenige, das gewohnheitsmäßig in einer beliebigen Situation zuerst auftaucht. Um sich aus einer Krise in ein neues Leben hineinzubewegen, müssen Sie wahrhaftig Ihr weises Ich kennen und mit ihm kommunizieren. Nur dann werden Sie ihm genug vertrauen, um sich von ihm durchs Leben führen zu lassen.

Wenn Sie Aufzeichnungen machen, werden Sie den positiven Beweis erhalten, dass Sie sich selbst als Quelle der Inspiration, Information und Hilfe vertrauen können. Der Verstand ist ein unordentlicher Ort. Wenn Sie die Dinge schwarz auf weiß haben, hilft Ihnen das, effektiver zu arbeiten.

Hier eine einfache Übung. Sie brauchen Ihr Tagebuch oder ein Notizbuch. Sie können auch Tonaufnahmen machen, wenn Ihnen das lieber ist. Als Erstes sollten Sie die folgenden Fragen untersuchen:

Wenn jemand Sie führen könnte, Ihnen Fragen zur Vergangenheit, Gegenwart und Zukunft beantworten und Ihnen helfen könnte, Ihre Begabungen zu verstehen, welche Fragen würden Sie diesem Menschen stellen?

Schreiben Sie Ihre Antworten auf. Wenn Sie das getan haben, stehen Sie auf, gehen Sie durch den Raum und suchen Sie sich eine Stelle, an der für Sie und Ihr Gegenüber Platz ist.

Stellen Sie sich auf dem gegenüberliegenden Platz jetzt Ihr weises, allwissendes Selbst vor. Sie wissen alles, was Sie wissen müssen, und Sie wissen, was Sie in Ihrer Gegenwart und Zukunft verändern müssen. Stellen Sie sich jetzt nacheinander die Fragen, die Sie aufgeschrieben haben.

Nehmen Sie sich Zeit, um die Antworten so zu sprechen oder aufzuschreiben, wie Sie sie empfangen.

Sie werden wissen, wann Sie aus Ihrer Weisheit heraus sprechen und wann nicht. Wenn Sie nicht aus Ihrer Weisheit heraus sprechen, klingt die Antwort für Sie nicht richtig, macht Sie ängstlich, wütend, depressiv oder lässt Sie ausweichen – je nachdem, welcher Typ Sie sind.

Machen Sie einfach immer weiter. Oft werden Sie von dort aus beginnen, was Ihr »tägliches« Selbst denkt, hofft oder fürchtet. Wenn Sie dann sprechen, werden Sie zur Wahrheit gelangen. Denken Sie daran, dass Ihr weises Selbst Ihnen helfen kann, die Dinge in Ihrem Leben zu verändern. Wenn Sie etwas Schwieriges hören, fragen Sie Ihr weises Selbst, wie Sie es verändern können oder sich auf eine Art und Weise vorbereiten können, dass selbst schwierige Momente erfolgreich gelöst werden und eine Bedeutung erhalten.

Kehren Sie von Zeit zu Zeit zu dieser Übung zurück. Je häufiger Sie diese Übung machen, umso mehr werden Sie von ihr profitieren.

KAPITEL II

Den Segen teilen

Die Kraft des Gebrauchtwerdens

Vor zwanzig Jahren arbeitete ich mit einem Mann, Herrn B., der an Leberkrebs erkrankt war und seine letzten Tage in einem staatlichen Krankenhaus verbrachte. Er war nicht gebildet, er war arm und lag bereits im Sterben. Herr B. war in einer Großfamilie tief im Süden der USA aufgewachsen.

Ich besuchte ihn täglich zum Handauflegen, um seine Schmerzen zu lindern. Jeden Morgen, wenn ich an sein Bett kam, hatte sich eine beträchtliche Anzahl von Patienten in seinem Zimmer zu einem Treffen eingefunden, um sich mit ihm zu unterhalten. Er hörte zu, gab Ratschläge, tätschelte jemanden und gab all die Wärme, mit der er aufgewachsen war, an diese Patienten weiter, unter denen einige waren, die niemanden sonst zum Reden hatten.

Er starb im Geben. Ich bin nicht einmal sicher, ob er auf diese Art und Weise gelebt hatte. Er war Alkoholiker und hatte sein Leben lang gegen die Armut gekämpft. Am Ende hinterließ er viele Menschen mit einem Gefühl des Friedens in einer traumatischen Umgebung.

Sie haben immer etwas zu geben, was von großem Wert ist. Was Sie zu geben haben, mag sich verändern, wenn Sie sich verändern. Einige Menschen werden sich mit dieser Veränderung nicht wohlfühlen. Andere werden sie als segensreich erfahren. Sie werden mit Ihren neuen Geschenken neue Menschen anziehen. Sie wissen vielleicht nicht einmal, dass Sie etwas geben.

Das Gebrauchtwerden ist ein kraftvolles Überlebensstichwort für das Unterbewusstsein. Wir sehen, dass ältere Menschen, die weiterhin gebraucht werden, auch lebensfähig bleiben – körperlich, emotional und wirtschaftlich. Wenn Sie andere durch Krisen begleiten – insbesondere Kinder – ist es wichtig anzuerkennen, auf welche Art und Weise diese Menschen nützlich und wertvoll in Ihrem Leben und in der Welt sind.

Wir können unseren Kindern und anderen Menschen, die unsere Unterstützung benötigen, die größte Kraft spenden, indem wir ihnen versichern und zeigen, dass sie für die Menschen um sie herum auf vielerlei Weise nützlich sind. Nur so können sich diese Menschen in einer Krise bewähren. Dieser Schritt kann etwas ganz Einfaches sein: Erkennen Sie die Arbeit eines Menschen an, der Abfall von der Straße aufhebt. Bewegen Sie Eltern dazu, ein Kind, mit dem sie Probleme haben, bewusst in ihren Familienalltag einzubeziehen. Auch wenn die meisten Kinder im Haushalt mithelfen, können sie sich nicht vorstellen, wie sehr sie uns bei der Hausarbeit unterstützen. Ein einfaches »Danke, dass du das Geschirr weggeräumt hast. Dadurch hatte ich Zeit, dieses Spiel mit dir zu spielen und Spaß zu haben« bestätigt sie darin, sich zu engagieren. Wenn Großzügigkeit die Regel ist, ist

Isolation – die Gefahr Nummer eins in der Krise – eher selten.

Wenn sich andere in der Krise befinden: Was Sie tun können, wenn Ihre Lieben leiden

Wenn sich jemand, den wir lieben, in der Krise befindet, beeinträchtigt uns das auf vielerlei Weise. Viele Ehen enden, weil sich ein Partner in der Krise befindet und der andere dadurch ebenfalls in eine Krise gerät. Familien können sich auflösen, wenn sich ein Kind in der Krise befindet. Freundschaften enden genau dann, wenn sie am meisten gebraucht werden. Es gibt jedoch Möglichkeiten der Heilung, wenn sich jemand verändert, den Sie lieben. Es ist wichtig, den eigenen und den Krisentyp des geliebten Menschen zu kennen, damit Sie Fallstricke vermeiden können, wenn Sie eine Krise miteinander teilen und sich darauf konzentrieren müssen, festen Boden unter den Füßen zu behalten.

Wenn ein geliebter Mensch in eine Krise geraten ist, gibt es zwei Ansätze, um das Ganze in den Griff zu bekommen: Man kann die Krise des Menschen sowie die persönliche Reaktion darauf ansprechen. Dies erscheint umso schwieriger, wenn Sie der Mittelpunkt der Krise des anderen Menschen zu sein scheinen, beispielsweise in einer Ehe, wenn der Ehemann entscheidet, Sie nicht mehr zu lieben, oder wenn Ihnen Ihr Kind im Teenageralter das Gefühl gibt, dass Sie sein Leben ruinieren.

Wir fühlen uns am machtlosesten, wenn diejenigen, die wir lieben, Schmerzen erleiden oder sich selbst schaden. Wir sind Teil ihrer Welt, und durch die Natur der Krise verändert sich etwas. Jeder Mensch besteht jedoch aus sich selbst und seiner Welt. Sie können ein Bestandteil der Heilung eines anderen sein, während Sie sich vor den zerstörerischen Auswirkungen schützen, die eine miteinander geteilte Krise mit sich bringen kann. Kümmern Sie sich zuerst um sich selbst. Denken Sie daran, die Krisentypen zu berücksichtigen.

Setzen Sie Ihre Sauerstoffmaske auf, bevor Sie anderen helfen.

Jedes Mal, wenn ich mit meinem Sohn in ein Flugzeug steige, habe ich denselben Gedanken. Die Flugbegleiter sagen: »Bei einem Notfall fallen Sauerstoffmasken aus der Klappe über Ihrem Sitz. Setzen Sie als Erstes Ihre Maske auf, bevor Sie anderen helfen.« Dabei denken wir bei uns! »Ja, das ist richtig so.« Wir wissen aber beide, dass ich ihm immer seine Maske zuerst aufsetzen würde. Ich würde mir etwas vormachen, wenn ich dächte, es sei anders.

Vor vielen Jahren hatte ich eine Schülerin, die in der Notaufnahme arbeitete. Die AIDS-Epidemie hatte gerade begonnen. Sie befand sich in einer Krise, da sie sich geweigert hatte, in einem Moment, als sie sehr beschäftigt war, Handschuhe anzuziehen. Blut von einem Patienten war auf eine Schnittwunde an ihrer Hand gelangt. Sie machte sich Sorgen, sich infiziert zu haben.

Als Gruppe haben wir ihr Leben angeschaut. Sie hatte viele Male vergessen, ihre symbolischen »Handschuhe« anzuziehen, wobei sie zuließ, dass sie Schaden nahm, während sie die scheinbar dringenderen Bedürfnisse anderer Menschen befriedigte. Sie sorgte nicht für sich und war zu diesem Zeitpunkt unter der Aufsicht von mindestens vier Ärzten gewesen, die sich nicht um ihre emotionale und körperliche Gesundheit kümmerten. Es war offensichtlich, dass sie sich selbst nicht schützte und dass dies nichts Neues für sie war.

Sie war von unseren Beobachtungen überwältigt. »Was wäre, wenn einer der Patienten aufgrund dieser Verzögerung gestorben wäre?«, setzte sie entgegen. »Es gibt immer Patienten, die sterben. Wie weißt du, dass diese zehn Sekunden, die du gebraucht hättest, um dich zu schützen, einen Patienten gerettet hätten?« »Was wäre, wenn du dich und anschließend einen anderen Patienten infiziert hättest?«, erwiderte ein anderer in der Gruppe.

Letztendlich geht es darum, dass Sie zur eigenen Sicherheit und der Sicherheit Ihrer Mitmenschen ... »Ihre Maske zuerst überziehen sollten, bevor Sie anderen helfen«. Sie sind in der Verantwortung. Wenn Sie sich nicht um sich selbst kümmern, können Sie andere in Gefahr bringen und für andere eine Belastung bedeuten.

Mein Sohn ist jetzt dreizehn. Zu meiner großen Erleichterung habe ich nun verstanden, dass er inzwischen weiß, wie er seine eigene Maske aufsetzt.

Während einer Krise müssen wir wachsam sein, um nicht verletzt zu werden. Um anderen in einer Krise zu helfen, müssen wir sicherstellen, dass es genügend Unterstützung gibt, damit sich diese Menschen auf eine Art und Weise neu organisieren können, die ihren Verlust ausgleicht. Oft können wir lediglich unsere Unterstützung anbieten, denjenigen, die offen dafür sind, helfen, die Aktivitäten zu planen, die für ihren Reaktionstyp empfohlen werden. Wenn Sie jemandem in der Krise mögliche typgerechte Verhaltensweisen aufzeigen, geben

Sie diesem Menschen ein Werkzeug in die Hand, um die Lücke zwischen seinem alten und seinem neuen Leben zu überbrücken.

Krisengeschüttelte Menschen werden oft von anderen schikaniert. Während sie sich gegen die Krise wehren, sind sie kaum mehr in der Lage, sich gegen weitere Angriffe zu verteidigen. Ironischerweise nutzen die dem »Opfer« Nahestehenden dessen Krise häufig als Gelegenheit, um lange zurückgehaltenen Groll oder Rachegelüste an ihm auszulassen. Als Säugetiere sind wir genetisch darauf programmiert, die Schwächeren als Beute zu betrachten, ansonsten wären wir schon längst gefressen worden. Es gibt jedoch auch erleuchtendere Wahlmöglichkeiten. Wir können erkennen, wenn sich unsere Mitmenschen in der Krise befinden und uns dafür entscheiden, auf vielfältige und ermutigende Art Schutz zu bieten.

- Verbinden Sie sich mit der Person und nicht mit der Krise. Das kann bedeuten, dass Sie Regeln aufstellen. Sie können der Person beispielsweise eine »Rede-Diät« verordnen (jegliche Diskussion über die Krise darf innerhalb eines Gespräches höchstens drei Minuten dauern).
- Betonen Sie immer wieder die positiven und praktischen Eigenschaften der Person.
- Versichern Sie, dass die Wahrheit der Person in ihrem Inneren liegt.
- Bieten Sie Loyalität und Schutz an.
- Beschließen Sie, freundlich zu sein, auch wenn die Person verrückt spielt (was in Krisen häufig passiert).
- Zeigen Sie alternative Verhaltens- und Ausdrucksmög-

lichkeiten auf, die der Person helfen könnten, weniger verrückt zu spielen.

- Halten Sie trotz der aktuellen Veränderung den Glauben und die Vision aufrecht, dass die Person stark und in sich vollkommen ist.
- Beziehen Sie die Person mit ein. Laden Sie sie ein und bestärken Sie sie darin, ein hilfreicher Mitmensch Ihrer Gemeinschaft zu sein.
- Verlangen Sie ein Verhalten, das die Person dazu zwingt zu funktionieren, beispielsweise wenn sie sich einer Gruppe von Freunden zum Abendessen anschließt oder mit ins Fitnessstudio geht.
- Nehmen Sie wahr, wann Ihre Toleranzgrenze erreicht ist und machen Sie dann eine Pause. Setzen Sie Grenzen. Lassen Sie nicht zu, dass Sie ausgelaugt werden.

Wenn jemand abstürzt und ans Ende der Nahrungskette gerät, zeigen Sie Ihren inneren Heileraspekt, wenn Sie diesen Menschen unterstützen. Dabei verwandeln Sie sich selbst auf eine Art und Weise, die Ihnen grenzenlose Freude im Leben bringen wird.

Reaktionstypen sind ansteckend

Wenn Sie mit jemandem zusammenleben, der ängstlich ist, kann Sie das in einen Zustand ständiger Unruhe versetzen. Hüten Sie sich davor, die Angst des anderen zu übernehmen, feindselig zu reagieren oder sich von der Person oder Situation unangebracht zu distanzieren.

Wenn Sie mit jemandem zusammenleben, der voller Zorn ist, kann Ihr Selbstwertgefühl dadurch untergraben werden. Hüten Sie sich davor, auf eine Weise beschwichtigend zu wirken, durch die Sie sich selbst verlieren und Ihr persönliches Gefühl der Kontrolle und Selbstbestimmung untergraben.

Wenn Sie mit jemandem zusammenleben, der die Dinge verleugnet, kann Sie das auslaugen. Hüten Sie sich davor, den Löwenanteil der Bürde des anderen zu übernehmen, da Sie dann wahrscheinlich das Gefühl haben, dass Sie ständig mit den schwierigen Aspekten des Lebens von zwei Menschen auf einmal zu tun haben.

Wenn Sie mit jemandem zusammenleben, der depressiv ist, könnten Sie selbst unter Depressionen leiden. Hüten Sie sich davor, sich zu sehr verantwortlich zu fühlen, ohne die Kraft zu besitzen, etwas zu verändern und dadurch letztendlich wütend zu werden.

Wenn Sie versuchen, einem Angsttyp zu helfen, müssen Sie wissen, dass sich dieser Mensch durch Ihre Worte allein nicht sicher fühlt. Er kann keine Sicherheit empfinden. Sie können einem ängstlichen Menschen helfen, indem Sie ihn in seiner Verwirrung auf den Boden zurückholen, ihm etwas verordnen und eine nützliche Aufgabe geben, die ihm das Gefühl gibt, dass er etwas erreicht hat. Lassen Sie ihn etwas tun, das seine Energie bündelt. Er muss so zum Einsatz kommen, dass er sein zweckloses Grübeln beiseiteschieben kann, das ihn einzunehmen droht. Lassen Sie sich nicht auf seine Grübeleien und inneren Dialoge ein, wie beispielsweise »Was wäre, wenn ...«, »Was meinst du, sollte ich tun ...«. Angsttypen brauchen das Bewusstsein, dass sich nicht alles um sie herum auflöst, wenn sie aufhören, sich vor lauter Sorgen zu zerfressen.

Wenn Sie versuchen, einem Zorntyp zu helfen, müssen Sie ihm anfangs etwas Raum geben, damit er seine Wut ablassen kann. Wenn diese Menschen in einer explosiven Stimmung sind, sind sie nicht in der Lage, Sie an sich heranzulassen, ohne Sie zu verletzen. Wenn sie dann einen Schaden angerichtet haben, schämen sie sich, was sie wiederum noch wütender macht.

Innerhalb eines angemessenen Zeitrahmens und ohne Druck sollten Sie dem Zorntyp angemessenere Möglichkeiten zeigen, um sich zu entladen (siehe S. 89, Empfehlungen für Zorntypen). Wenn er einmal seine momentanen Gefühle in den Griff bekommen hat, besteht Ihr nächster Schritt darin, ihn darin zu bestärken, die Dinge, die ihn aufregen, zu verdrängen, um sich auf das konzentrieren zu können, was er erschaffen will. Helfen Sie ihm, aus seiner Leidenschaft herauszukommen und seine Situationen mit einem kühlen Kopf zu beurteilen.

Lassen Sie sich nicht auf Kämpfe mit einem Zorntyp ein, unterstützen Sie keinen zornigen Standpunkt oder spielen Sie gar den Anwalt des Teufels.

Wenn Sie versuchen, einem Verleugnungstyp zu helfen, schauen Sie mit ihm einen Film an, der Emotionen wachruft. Zeigen Sie ihm ein Fotoalbum, das Gefühle weckt. Geben Sie ihm ein Lieblingsbuch aus der Kindheit und lesen Sie es ihm vor. Lassen Sie ihn etwas tun, was ihn etwas empfinden lässt, ohne dass er von seinen Gefühlen überwältigt wird. Es ist selten hilfreich, ihn mit der Wirklichkeit zu konfrontieren. Sie können jedoch Situationen schaffen, in denen sich der Verleugnungstyp sicher fühlt und sein eigenes Bewusstsein oft anerkennen kann, wenn Sie etwas miteinander teilen. Ich bin sicher, dass das Konzept des Parallelspiels von einem Verleugnungstyp geschaffen wurde. Hier spielen zwei Menschen nebeneinander, aber nicht miteinander. Seien Sie verfügbar, aber nicht aufdringlich. Lassen Sie sich jedoch nicht in Verleugnungsgeschichten hineinmanövrieren oder machen Sie gar mit. Bei Verleugnungstypen, die darauf bestehen, dass Sie ihre Phantasiegeschichte teilen, ist Schweigen eine Tugend. Verleugnungstypen müssen wissen, dass sie etwas sehen und spüren können, ohne davon überfordert zu sein.

Wenn Sie versuchen, einem Depressionstyp zu helfen, dann unterstützen Sie seine normalen täglichen Aktivitäten. Drehen Sie die Dusche auf, servieren Sie das Frühstück, bringen Sie das Telefon, helfen Sie dem Menschen, aus dem Sog der Passivität herauszukommen, indem Sie Aktivitäten unterstützen und es ihm damit einfacher machen. Depressionstypen müssen spüren, dass sie die Kraft haben, am Puls des Lebens teilzuhaben.

Wenn Sie jemandem in einer Krise helfen, müssen Sie erkennen, wann die Krise oder der Stress des anderen bewirkt, dass Sie sich nicht mehr auf Ihre eigenen Bedürfnisse konzentrieren können und dadurch selbst in die Gefahrenzone geraten: Sie stellen fest, dass Sie in alte Gedankenmuster, Gefühle oder Verhaltensmuster verfallen. Sie beginnen, die »irdische Wirklichkeit« zu vernachlässigen; die notwendigen, aber auch weltlichen Alltagsaufgaben, die Ihr Leben in Gang halten. Denken Sie daran, dass eine Krise wie eine ansteckende Krankheit ist. Wenn Sie nicht für sich sorgen, während Sie für die andere Person sorgen, werden Sie sich in *Ihre persönliche* Krankheit begeben. Wenn Sie irgendeines Ihrer typischen

Symptome bemerken, folgen Sie den zuvor erwähnten Empfehlungen. Versorgen Sie sich mit Momenten der Transzendenz und buchen Sie ein Guthaben auf Ihr emotionalen Sparbuch.

Wenn Sie feststellen, dass andere Menschen in Ihrer Gruppe in diese Gefahrenzonen geraten, ermutigen Sie diese, das Gleiche zu tun. Die Einheit, die entsteht, wenn Sie auf eine heilende, produktive Weise gemeinsam eine Krise durchlaufen, gehört zu den stärksten Bindungen, die man innerhalb einer Familie oder Gruppe schaffen kann. Die Gewissheit, dass der andere selbst im schlimmsten Zustand immer noch Liebe, Ganzheit und Integrität besitzt, verbindet Sie an einem Ort miteinander, dem eine unendliche Tiefe innewohnt.

Einige der stärksten Freundschaften, Familien und Unternehmen entstehen in Krisenzeiten und werden durch sie gestärkt. Um in dieser Verantwortung authentisch zu bleiben, müssen Sie sich Ihrer eigenen Gefahrenzonen und der Gefahrenzonen Ihrer Mitmenschen bewusst sein.

Wenn Sie ein Angsttyp sind, wissen Sie, dass Sie sich in Ihrer Gefahrenzone befinden, wenn Sie Ihre Sorgen nicht überwinden können, um etwas Konstruktives für sich zu tun. Sie tauchen in Einzelheiten und Ängste ein, die mit dem gegenwärtigen Augenblick nichts zu tun haben. Vermeiden Sie alte, vertraute Sorgen, die ständig wiederkehren. Ihre Phantasie kann Ihnen katastrophale Folgen von höchsten Ausmaßen vorgaukeln.

Wenn Sie ein Verleugnungstyp sind, wissen Sie, dass Sie sich in Ihrer Gefahrenzone befinden, wenn Sie innerlich das Gefühl haben, dass es gut läuft, Sie äußerlich aber im Erdbebengebiet stehen: wenn es Ihnen Nahestehenden nicht gut geht oder wenn sich Ihre Mitmenschen Sorgen machen und Sie den Grund dafür nicht verstehen oder nicht reagieren. Sie stellen fest, dass Sie den wichtigen Menschen gegenüber überkritisch sind, anstatt mit der aktuellen Krise umzugehen. Ihr Einfallsreichtum hat Sie vollständig verlassen.

Wenn Sie depressiv sind, wissen Sie, dass Sie sich in der Gefahrenzone befinden, wenn Sie sich nicht vorstellen können, dass Sie die Kraft haben, dieses Buch zu Ende zu lesen. Nichts scheint die Anstrengung wert zu sein: Körperpflege, Sport, selbst das Duschen ist schon zu viel. Sie sehen keinen Ausweg aus Ihrer Situation. Sie haben das Gefühl, dass dies Ihr dauerhafter Zustand ist. Es ist für Sie nicht vorstellbar, dass sich jemals etwas ändern wird. In Ihrer Einbildung erleben Sie, wie glücklich alle anderen sind und wie unglücklich Sie immer bleiben werden.

Wenn Sie ein Zorntyp sind, wissen Sie, dass Sie sich in Ihrer Gefahrenzone befinden, wenn Sie wieder das Gefühl haben, sich rächen zu wollen. Sie beginnen gegeneinander aufzurechnen, was Sie getan haben und was als Ausgleich für Sie getan wird, und kommen dabei zu kurz. Sie haben Ihre Bedürfnisse unterdrückt, und jetzt haben Sie das Gefühl, dass ein Gegendruck entsteht. Das Alltagsgeschehen beginnt, Sie wütend zu machen, und Sie haben das Gefühl, sich in Ihre Wut hineinzusteigern. Sie haben den Eindruck, dass alles, was Sie tun, nicht genug ist, und das macht Sie verrückt.

Einige abschließende Bemerkungen zu den unterschiedlichen Typen

Lassen Sie mich zuerst zu den Verleugnungstypen sprechen, bevor Sie dieses Buch »verlieren« oder »verlegen«. Das Verleugnen dient einem Zweck, und Sie halten an Ihrem Verleugnen fest. Wenn Ihr Verleugnen für Sie funktioniert, dann lesen Sie dieses Buch nicht. Ihr Leben funktioniert, nicht wahr? Wenn Sie dieses Buch lesen, funktioniert Ihr Verleugnen nicht. Sie verspüren Angst. Liebe Verleugnungstypen, wenn Sie Angst haben, tun Sie tatsächlich etwas ganz Tapferes und Richtiges. Nur so können Sie Ihr Leben in den Griff bekommen. Wenn Sie sehen, was falsch ist, kann das Ihnen nur helfen, Ihre wunderbaren Fähigkeiten für ein besseres Leben einzusetzen.

Liebe Angsttypen, ich weiß, dass Sie frustriert gewartet haben, als ich mit den Verleugnungstypen gesprochen habe. Das einzig Positive an Ihrer zerrüttenden Angst besteht vielleicht darin, dass Sie mehr Kalorien verbrennen. Sie verschlimmern Ihre Situation wahrscheinlich, indem Sie zwanghaft handeln, während Sie andererseits erstarren, wenn Sie wahre Kraft und Einsatz zeigen sollten. Gedankenloses Verleugnen ist Ihr Ziel. Wenn es etwas gibt, was Sie eine Minute lang »vergessen« lässt, so nutzen Sie es häufiger. Tun Sie einfach so, als würde alles so in Ordnung gehen. Wenn Sie Ihren Blick einen Moment lang vom Problem abwenden, können Sie die Lösung sehen. Dann können Sie Ihre wunderbare Energie einsetzen, um die Welt zu bewegen.

Liebe Depressionstypen, ich weiß, dass Sie nicht hören wollen, wie Sie Ihre Energie einsetzen können, um sich von dort fortzubewegen, wo Sie jetzt gerade sind. Viel schlimmer kann es jedoch nicht werden. Sie können genauso gut das tun, vor dem Sie sich so sehr gefürchtet haben – um Unterstützung bitten, sich an Menschen wenden –, auch wenn Sie Angst haben, dass Sie abgelehnt werden könnten. Sollten Sie tatsächlich abgelehnt werden, werden Sie wahrscheinlich wütend. Tatsächlich macht Sie allein die Anstrengung wütend, sich überhaupt in Bewegung zu setzen. Diese Wut treibt Sie jedoch zu notwendigen Bewegungen und Handlungen an. Sie werden überrascht sein, wie viel Energie der Zorn liefert. Wenn Sie diesen mit Ihrem kraftvollen und tiefen Verständnis von sich selbst verbinden, können Sie alles werden, was Sie wollen und sich auf ein Leben zubewegen, das Sie in dem bestärkt, was Sie wirklich sein möchten.

Liebe Zorntypen, die einzige Art und Weise, wie Sie zu Kraft gelangen können, besteht darin, dass Sie Verantwortung übernehmen. Zorn ist ein enger Verwandter der Reue. Sie bedauern alles, was Sie verpasst haben und alles, was die Wut in Ihrem Leben zerstört hat. Tun Sie so, als ob wirklich alles Ihre Schuld ist – Sie haben es vermasselt, und Sie dachten wirklich, dass Sie durch den Schmerz oder die Reue eines anderen Menschen wieder ganz würden, aber das hat nicht funktioniert. Wenn Sie wirklich einmal so tun als ob, wird Sie das deprimieren. Die Depression sorgt dafür, dass Ihre Leidenschaft verständlich, leicht zu kontrollieren und letztendlich konstruktiv wird. Sie werden wahrscheinlich nicht das zurückbekommen, was Sie verloren haben, aber Sie werden in der Lage sein, etwas aufzubauen, das für Sie augenblicklich eine Bedeutung und einen Wert besitzt. Wenn Sie die Bewusstheit der Depression mit der Leidenschaft Ihres Zorns verbinden, können Sie ein Leben Ihrer Wahl aufbauen, das reich an Gefühlen, Bedeutung und Selbstverwirklichung ist.

KAPITEL 12

Kein Leben ist krisensicher – aber jedes Leben kann weniger krisenanfällig sein

Jede Veränderung ist eine Gelegenheit, um Möglichkeiten in Ihrem Leben zu eröffnen. Wir sind Gewohnheitstiere. Misshandelte Kinder, die in einer sicheren Umgebung untergebracht wurden, wollen oft zu ihren Eltern zurück, die sie missbrauchen. Selbst wenn eine Situation nicht wirklich ideal ist – oder sogar furchtbar –, halten wir mit einer irrationalen Intensität an ihr fest, die aus der Gewohnheit und Angst heraus geboren ist. Wenn eine Veränderung oder Krise es uns erlaubt, uns unserer tiefsten Bedürfnisse voll bewusst zu werden und diese in der Welt zu verwirklichen, werden wir verletzlich. Die Schichten unseres Lebens und Glaubenssätze werden so stark herausgefordert, dass die essenziellen, wahren Bedürfnisse unseres Seins zum Vorschein kommen, auch wenn Sie diese nicht sehen können.

Anpassungsfähigkeit kann eine erworbene Fähigkeit sein, auch wenn einige Menschen weniger anpassungsfähig sind als andere. Sie scheinen aus der Asche ihrer Vergangenheit immer etwas Besseres aufzubauen. Trotzdem gibt es Zeiten, in denen eine Veränderung oder eine Reihe von Veränderungen unsere Anpassungsfähigkeit zeitweise lahmlegt. Das gilt selbst für den widerstandsfähigsten und flexibelsten Menschen. Wenn Sie das Gefühl haben, dass Sie verlieren, sind Sie in guter Gesellschaft.

Auch wenn einige von uns flexibler sind als andere, können sich die unterschiedlichen Typen an verschiedene Situationen gut anpassen. Ein Mensch, der eine finanzielle Krise gut überwindet, kann vielleicht in einer Situation, in der er emotional im Stich gelassen wird, nicht so gut reagieren. Je nach Kindheitserfahrungen können Sie dank Ihrer Persönlichkeit, Ihrer Unterstützung von außen, Ihren Werten und sogar Ihrer Genetik einige Krisen leichter bewältigen als andere. Sie können jedoch allgemein widerstandsfähiger werden, indem Sie bestimmte Muster und Verhaltensweisen in Ihr Leben integrieren.

Der widerstandsfähige und anpassungsfähige Mensch

- lebt in der Gegenwart;
- schätzt andere Menschen und nimmt zu ihnen Kontakt auf, wenn er Hilfe braucht;
- betrachtet das Leben als etwas, das er selbst bestimmen kann und das ihn ewig herausfordert;
- handelt, als besäße er die Werkzeuge zum Überleben, auch wenn er seine Zweifel hat;
- handelt, als ob er anderen viel zu geben hätte und ist großzügig;
- handelt, als ob die Welt für jeden genug hätte und verlangt entsprechend viel;
- hat den Mut zu lieben und zu fühlen;
- zeigt Dankbarkeit sich selbst, anderen und dem Leben gegenüber;

◆ kann seine Bedürfnisse, Beschränkungen und Grenzen gut einschätzen.

Sie können noch widerstandsfähiger und flexibler werden, wenn Sie diese Eigenschaften bereits pflegen, bevor Sie an sie glauben. Wenn Sie diesen Elan pflegen, werden Sie Ihre Sichtweisen und Handlungen auf dem Weg zu einer positiven Veränderung neu strukturieren können.

Diese Sichtweise kann vermittelt werden. Sie können zum Vorbild für Ihre Freunde, den Ehepartner, Eltern und Kinder werden. Die Art und Weise, wie Sie Ihre Umstände angehen, wirkt sich tiefgreifend auf Ihre Fähigkeit aus, wirklich dramatische Veränderungen überleben zu können. Seien Sie wachsam, wenn Sie einen guten Lebensmythos erschaffen wollen, in dem Sie der Held oder die Heldin Ihrer eigenen Geschichte sind. Wenn Sie diese Wahrheit leben, können Sie diese Wahrheit erschaffen.

Einige Menschen durchlaufen extreme persönliche Umbrüche und nutzen ihre Qualen, um sich selbst zu übertreffen, während andere von Lebenskrisen niedergezwungen und besiegt werden. Warum?

Eine Studie mit Erwachsenen, die in ihrer Kindheit missbraucht worden waren, zeigte, dass weder der Grad noch die Dauer der Misshandlung bestimmte, inwieweit sie im Erwachsenenleben geschädigt waren. Es ging eher darum, wie viel Kontrolle diese Menschen als Kinder empfanden, während sie missbraucht wurden. Die Kinder, die bezüglich des Geschehens mehr Kontrolle empfanden – selbst wenn dieses Kontrollgefühl nicht objektiv war –, waren als Erwachsene eher erfolgreich, auch wenn sie missbraucht worden waren. Dieses Buch hat Ihnen viele Techniken in die Hand gegeben, um dynamisch auf Krisen und Veränderungen reagieren zu können. Sie müssen diese Werkzeuge in Ihr Leben integrieren und üben, damit Sie auf zukünftige Veränderungen auf positive, freudvolle und ermutigende Art reagieren können.

Ein bewusstes Leben kann eine Alternative zu einem Leben sein, in dem Sie von Krise zu Krise ziehen. Eine Krise zu durchleben, indem Sie an sich selbst arbeiten, gibt Ihnen Kraft, denn Sie selbst haben einen unmittelbaren Zugriff auf Ihre Veränderung. Durch Selbstentwicklung ist es uns möglich, unsere Umstände zu verändern oder diese Antriebskraft dazu nutzen, um eine neue Umgebung zu schaffen.

Wählen Sie die Mythen, nach denen Sie leben wollen

Hüten Sie sich vor dem Mythos, dass Sie den einen Lebensweg haben, den einen Seelenpartner oder die eine Chance, um glücklich und erfolgreich zu werden – die Sie natürlich verlieren und nie wieder bekommen können. Solche Mythen sind gefährlich. Wenn Sie das Leben einfach beobachten, werden Sie erkennen, dass sie falsch sind. Eine zweite, dritte, vierte, fünfte Chance gibt es in Hülle und Fülle – für jeden Menschen, auch für Sie! Sie können eine Krise dazu nutzen, für sich ein Leben zu erschaffen, das so authentisch und voller Freude ist, dass Sie aus Ihrer alten Sichtweise heraus nicht einmal davon hätten träumen können.

Wir haben zu Hause eine Regel: *Alles* bringt Glück. Ein zerbrochener Spiegel bringt Glück; ein Schritt auf einen Sprung im Boden bringt Glück; der Verlust der Lieblingshalskette schafft Raum für etwas Neues. Sie verleihen Ihren eigenen Mythen die Magie. Seien Sie wachsam und erfinden Sie positive Geschichten für sich selbst und Ihre geliebten Menschen.

Sie erschaffen genau in diesem Moment Ihr eigenes Leben. In einem Leben, das bewusst von Ihnen geschaffen wird, gibt es keine Angst. Sie haben jetzt die Werkzeuge in der Hand, um mit den Verlustgefühlen umzugehen, die durch Veränderungen in Ihrem Leben entstanden sind. Kein Leben ist immun gegen Veränderungen. Wenn sie jedoch bewusst gelenkt wird, ist jede Veränderung ein getarnter Segen.

Danksagung

Dieses Buch begann mit meiner Agentin Jennifer Rudolph Walsh. Jennifer, Sie haben mein Leben auf vielerlei Weise verändert. Da ich über keine angemessenen Worte verfüge, um zu beschreiben, was ich empfinde und Ihnen schulde, möchte ich einfach nur Danke sagen.

Liebe Leser, dieses Buch kommt dank vieler talentierter Menschen zu Ihnen. Jennifer und ich haben diesen Verlag ausgewählt, weil er uns ein großartiges Team anbot: Judy Clain, meine Verlegerin, forderte mich so lange, bis dieses Buch noch viel kraftvoller geworden war als die ursprüngliche Idee. Einen Dank an die Heather-Familie – Heather Rizzo und Heather Fain – und an Sophie Cottrell, die zehn Minuten, nachdem ich das Endmanuskript eingereicht hatte, die Pressemitteilungen organisiert hat. Michael Pietsch, der Verleger, führte alles zusammen. Jedes Mal, wenn dieses Buch oder ich selbst eine Einsicht oder Unterstützung benötigte, sind sie einen Schritt weiter gegangen als erwartet. Ich habe das Glück, bei Little Brown zu sein. Danke. Ich möchte auch der freiberuflichen Lektorin Rickie Harvey danken, die von Peggy Freudenthal bei Little Brown engagiert wurde und die für den Feinschliff des Manuskripts gesorgt hat. Bitte versprechen Sie mir, dass Sie auch alles Weitere von mir bearbeiten werden!

Während einer Krise gibt es keinen Raum für Fehler oder Verzögerungen. Ich habe das Wissen aller mir bekannten Psychiater und Psychotherapeuten in Anspruch genommen, um sicherzustellen, dass die hier vorgestellten Gedanken für die verschiedensten Menschen funktionieren. Ich möchte an dieser Stelle besonders Leslie Klepper danken. Sie ist Psychotherapeutin in Brooklyn und Direktorin einer psychiatrischen Klinik, in der Krisen an der Tagesordnung sind. Leslie hat alle Tests und jedes Konzept in diesem Buch durchgesehen, bis sie perfekt waren.

Bei allem, was gebaut wird, wirken viele helfende Hände mit. Ich bin mit einer Gemeinschaft aus Freunden, Klienten und Familienmitgliedern gesegnet. Meine Leser haben mir zahlreiche Rückmeldungen und Ideen zukommen lassen, wie ich meine Arbeit für Sie noch nützlicher gestalten kann. Danke für Ihre Unterstützung und Weiterempfehlungen. Meine Privatpraxis läuft ausgezeichnet. Ich bin auch dankbar, das Privileg zu besitzen, andere Menschen auszubilden. Ich möchte auch meinen Schülern, von denen viele nun auch selbst praktisch arbeiten, dafür danken, dass ich mich als gute Lehrerin erwiesen habe, da sie mich an Weisheit und Fachkenntnissen übertroffen haben.

Speziell für dieses Buch danke ich Adam Robinson (meiner Liebe), David Globus (Papa), Sarah Globus (kleine Schwester) und meiner Mutter, Vivian Globus (im seligen Angedenken).

Ich freue mich sehr, die Namen meiner Nichten und

Neffen alle beieinander zu sehen. Das ist jetzt alles für euch: Vivian und Ori Goldfield, Zach und Isabelle Rodriguez, Annie und Charlie Wallach, Gillian und Amanda Eisenberg und Jake und Nicky Nathanson.

Samson Day, du bist meine Sonne und mein Licht. Es erstaunt mich, dass du jetzt in einem Alter bist, in dem du bei allem, was ich tue, deine wertvollen Einsichten und echte Unterstützung einbringst. Wer hätte gedacht, dass das Leben sogar noch besser werden würde!

Das Gesetz
der Anziehung

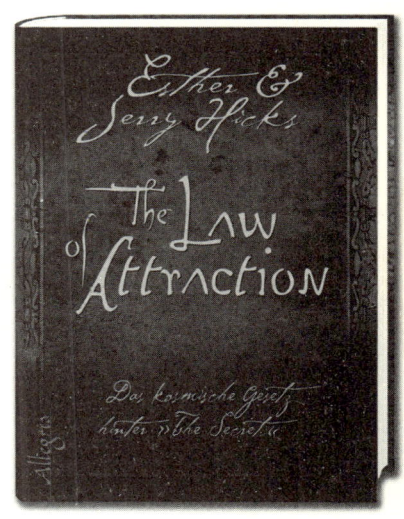

**ESTHER &
JERRY HICKS**
The Law of Attraction
Gebunden, 256 Seiten
€ [D] 16,90
ISBN 978-3-7934-2124-5

»Die Bücher von Esther und Jerry Hicks enthalten
sehr viele praktisch anwendbare Weisheiten, und
was ich besonders schätze ist, dass sie die Wichtig-
keit des Gefühls und eines offenen Herzens so
klar darstellen.« **Bärbel Mohr**

»Ich bete, dass überall jeder dieses Buch liest.«
Doreen Virtue

»Das ist es! Die anderen Bücher können Sie
weglegen. **Neale Donald Walsch**

Die Chakra-Reinigung nach der Doreen-Virtue-Methode

DOREEN VIRTUE
Chakra Clearing
Die Reinigung der sieben
Energiezentrum
144 Seiten
€ [D] 18,– / € [A] 18,50
sFr 31,60
ISBN 978-3-7934-2099-6

In diesem Buch und auf der beliegenden CD werden die Funktionen der Hauptchakras erklärt und eine spirituelle Methode unterrichtet, mit deren Hilfe wir die Chakras von Angst reinigen können. Unser natürlicher Seinszustand zeichnet sich durch hohe Energie, Intuition und Kreativität aus. Es gibt nichts, was wir hinzufügen müssten, um diese Eigenschaften genießen zu können – sie sind bereits ein Teil unseres innersten Wesenskerns. So wie ein Bildhauer die Teile der Statue abschleifen muss, die nicht Aspekte der ihm vorschwebenden Kreation sind, müssen auch wir nur die Gedanken der Angst beseitigen, um unsere inneren Qualitäten freizulegen.